# 오늘도 묻지 않는 그대에게

# 오늘도 묻지 않는 그대에게

흔들리는 나를 구한 질문과 성장을 말한다

초 판 1쇄 2025년 03월 14일

**지은이** 최영신
**펴낸이** 류종렬

**펴낸곳** 미다스북스
**본부장** 임종익
**편집장** 이다경, 김가영
**디자인** 임인영, 윤가희
**책임진행** 안채원, 이예나, 김요섭, 김은진, 장민주

**등록** 2001년 3월 21일 제2001-000040호
**주소** 서울시 마포구 양화로 133 서교타워 711호
**전화** 02) 322-7802~3
**팩스** 02) 6007-1845
**블로그** http://blog.naver.com/midasbooks
**전자주소** midasbooks@hanmail.net
**페이스북** https://www.facebook.com/midasbooks425
**인스타그램** https://www.instagram.com/midasbooks

© 최영신, 미다스북스 2025, *Printed in Korea*.

ISBN 979-11-7355-122-2 03190

값 19,500원

미다스북스는 다음세대에게 필요한 지혜와 교양을 생각합니다.

# 오늘도 묻지 않는 그대에게

최영신 지음

혼들리는 나를 구한 질문과 성장을 말한다

미다스북스

# 프롤로그

서리 내린 새벽. 열일곱 소년은 물류창고 구석에 쪼그려 앉아 있었다. 차가운 시멘트 바닥에 닿은 손끝이 얼얼했지만, 그보다 더 시린 것은 마음이었다. 아버지의 부재가 남긴 빈자리는 너무도 컸고 그 자리를 메우기엔 나는 너무 어렸다. 하지만 삶은 기다려주지 않았다. 고등학생이라는 이름표와 가장이라는 무게를 동시에 짊어진 채 나는 밤마다 화물차 사이를 누볐다. 이제 마흔을 바라보는 나이가 되었다. 스물한 번의 봄과 가을이 지났지만, 그날 밤 품었던 질문들은 여전히 내 안에서 맥박처럼 뛰고 있다. "어떻게 살아야 하는가?", "무엇을 위해 살아가는가?" 이 질문들은 나를 지탱해준 뿌리이자 앞으로 나아가게 하는 나침반이 되었다.

이 책은 30대 후반을 지나며 중년의 문턱에 선 이들에게 전하는 편지다. 특히 직장과 가정 사이에서 균형을 찾으려 애쓰는 대한민국의 평범한 직장인들, 그리고 안정과 도전 사이에서 고민하는 4050 세대들에게 말을 걸고 싶었다. 이 책은 화려한 성공담이나 대단한 인생 역전의 이야기가 아니다.

그보다는 한 걸음 한 걸음, 자신만의 속도로 걸어가는 우리들의 이야기를 담았다.

부사관에서 장교로, 평범한 월급쟁이에서 두 아이의 아버지로. 내 삶의 여정은 특별할 것 없는 평범한 길이었다. 그러나 그 길 위에서도 나는 끊임없이 질문하고, 고민하며 선택을 거듭했다. 때로는 흔들리고, 때로는 멈춰 서기도 했지만, 결국 한 걸음이라도 앞으로 나아가려 했다.

삶은 마치 끝없는 미로와 같다. 우리는 그 미로 속에서 올바른 길을 찾기 위해 헤매며, 때로는 갈림길에서 망설인다. 어느 길이 진정 올바른 길인지는 아무도 알지 못한다. 그러나 그 미로 속에서도 우리에게는 선택이 주어지고, 그 선택을 이끄는 질문들이 있다. 이 책은 그런 질문들을 함께 나누며 각자의 답을 찾아가는 여정을 담았다. 특히, 이 여정이 다음과 같은 이들에게 조금이나마 도움이 되기를 바란다.

- 회사에서의 성과와 가정에서의 역할 사이에서 고민하는 30대 후반~40대 직장인
- 안정된 직장이 있지만, 더 나은 미래를 위한 도전을 꿈꾸는 이들
- 일과 삶의 균형을 찾아가는 과정에서 방향성을 고민하는 중년의 직장인
- 자녀 교육과 노후 준비 사이에서 현실적인 고민을 안고 있는 부모들

여기 담긴 이야기들은 거창한 인생의 비밀이나 즉각적인 성공의 비결을

약속하지 않는다. 대신, 일상의 작은 선택들이 모여 삶의 방향을 만들어가는 과정을 이야기한다. 그 여정 속에서 마주하는 고민과 그것을 헤쳐나가는 지혜를 담담히 나누고자 한다.

빛나는 1%의 성공 신화가 아니라, 나머지 99%를 위한 위로와 공감. 그리고 희망을 전하고 싶다. 우리는 모두 각자의 속도로, 각자의 방식으로 성장한다. 그 과정에서 서로의 이야기가 작은 등불이 되어 누군가의 길을 밝혀줄 수 있기를 바란다.

# 나는
# 지금까지 잘
# 살아왔는가?

1장

The key to the future

# 인생의 진정한 비극은
# 꿈을 꾸지 못하는 것이다

"비극을 견뎌낸 사람은 결국 그것을 통해
더 깊은 삶의 의미를 발견하게 된다."

- 프리드리히 니체

"당신의 꿈은 무엇입니까?"

유년 시절부터 끊임없이 되풀이된 질문이다. 나는 '꿈'이 직업을 의미한다고 믿었다. 선생님이 되고, 공무원이 되고, 사업가가 되는 것. 그것이 내가 아는 꿈이었다. 꿈은 무엇이 되겠다는 단순한 목표였다. 하지만 시간이 흐르고 머리가 자라며 깨달았다. 무엇이 되겠다는 것은 꿈이 아니라 직업이라는 것을. 직업은 그저 하나의 역할일 뿐. 꿈은 그보다 더 깊고 넓은 의미를 지닌다. 정해진 목표가 아닌 걸어가야 할 길이다. 한 걸음 한 걸음이 쌓여가는 여정이자 끊임없이 변화하고 성장하는 과정. 그것이 꿈이다.

그러나 안타깝게도 그런 꿈은 나에게 사치였다. 나의 꿈은 돈을 버는 것이었다. 그것이 꿈이냐고? 하지만 이미 나는 현실의 무게에 눌려가고 있었다. 돈이 없다는 두려움에 지배당하지 않을까 불안했다.

내가 가장 존경하는 사람은 아버지였다. 나의 존경만큼이나 주변 사람들에게도 인정받는 분이셨다. 지붕 개량 사업을 하셨는데 출근하는 사무실도 점차 늘어났다. 하지만 어렵고 힘든 사람을 보면 본인 것을 내어주셨다. 보증도 섰다. 그만큼 사람에 대한 믿음이 크셨다. 2003년. 외환 위기와 동시에 사업에 어려움이 발생했다. 돈을 빌리거나 보증을 서달라고 했던 사람들도 하나둘 연락이 안 되기 시작했다. 아버지는 더 열심히 일하면 된다고 하셨다. 가족들에게는 항상 웃으며 다 잘될 거라 하셨다. 그리고 야간과 주말까지 반납해 가며 일하셨다. 그렇게 자신의 몸을 혹사했고 가족과 함께하는 시간은 점점 줄어들었다.

여느 때와 다를 것 없었던 토요일. '따르릉따르릉' 전화기가 울렸다. 전화를 받은 어머니 안색이 굳어졌다. 다리에 힘이 풀려서 주저앉으셨다. 아버지가 지붕 개량 공사 현장에 점검하러 갔다가 2층 높이에서 떨어진 것이다. 잠까지 줄여가며 일하신다고 피로가 쌓였던 탓일까. 아버지는 오랫동안 병원에 누워계셨다. 아버지가 얼마만큼의 시간이 지나야 다시 예전처럼 돌아올지 알 수 없었다.

집안의 가세가 기울었다. 집안의 어려움은 식탁에서 확인할 수 있었다. 한창 고기와 햄을 좋아할 나이에 갖가지 나물만 보이는 식탁이 싫었다. 어머니에게 투정을 부렸다. "라면 사 먹게 돈 줘!" 어머니는 반찬 투정한다고 다그치시면서도 주머니에 손을 넣으셨다. 오른쪽 주머니 왼쪽 주머니 번갈아 가며 주머니에 들어갔던 손에서 동전이 한 움큼 나왔다. 10원짜리. 50원짜리. 어머니는 동전을 세어가며 라면이 얼마냐고 물었다. 손에 움켜쥔 작은 동전을 세는 어머니의 모습. 그리고 입맛 없다며 찬물에 밥을 말았던 어머니의 밥그릇이 보였다. 속상했다. 어머니 손에 있는 동전을 차마 받을 수가 없었다. "됐어! 그냥 안 먹을래!" 나는 밥상을 뒤로한 채 집을 나왔다.

아침이 되었다. 창밖으로는 어스름한 새벽이 깨어나고 있었고 나는 익숙한 어머니의 찌개 끓이는 냄새에 눈을 떴다. 하지만 어떤 묘한 기운이 집안을 감싸고 있다는 걸 느끼는 데는 그리 오랜 시간이 걸리지 않았다. 아침 식사 시간. 평소와 달리 아버지 자리는 비어 있었다. 아버지의 옷장은 깨끗하게 정리된 듯하면서도 허전함이 있었다. 자주 입던 옷이 사라진 상태였다. 돌아다니며 확인한 작은 변화들은 아버지의 부재를 점점 더 확실하게 만들었다. 현관 옆 신발장에는 아버지의 낡은 구두가 없었고 집 앞마당에는 내가 가장 보기 싫었던 아버지의 차도 없었다. 어머니는 아무 말 없이 창밖을 바라보고 계셨다. 그 표정은 평소와 달리 더 무겁고 슬퍼 보였다. 아버지가 집을 나갔다. 아버지가 왜 떠났는지 물어볼 용기가 나지 않았다.

나는 주방으로 돌아가 아버지가 앉으시던 자리에 앉아보았다. 식탁 위에 하나둘씩 차려진 반찬들이 아쉽게 자리를 잡았다. 숟가락과 젓가락은 여전히 반듯하게 놓여 있었지만, 그 옆엔 손이 닿지 않는 빈자리가 있었다. 평소에 꽉 차게 느껴졌던 식탁이 허전해 보였다. 식탁에 앉아 그저 멍하니 빈

자리를 바라보고 있었다. 아버지가 건네주던 따뜻한 미소. 때때로 엄격하게 훈계하시던 그 목소리가 이제는 들리지 않는다. 반찬을 하나씩 집어 들며 아버지가 좋아하시던 음식들을 떠올렸다. 아버지는 고추장을 좋아하셨다. 어떤 반찬에도 고추장을 한 숟가락 얹어서 드셨다. 고추장만 있으면 밥한 그릇 문제없다고 하셨다. 그리곤 그 맛을 설명하며 흐뭇하게 웃으시곤 했다. 고추장이 담긴 그릇은 그대로였지만 누구도 그것에 손을 대지 않았다. 아버지가 없으니 그 맛도 그 의미도 어딘가 부족하게 느껴졌다. 우리는 모두 알고 있었다. 아버지가 없는 이 식탁은 아무리 음식이 풍성해도 허전할 수밖에 없다는 것을. 이야기를 나누던 시간도, 가벼운 농담도 이제는 모두 아버지에 대한 흔적이었다. 마치 한 조각이 빠져나간 퍼즐처럼 완전하지 않은 식탁이 되었다.

집 안 구석구석 아버지의 흔적이 남아 있었다. TV 선반 한편에 놓인 오래된 손목시계는 여전히 똑딱거리고 있었고 아버지가 즐겨 입던 낡은 셔츠는 옷걸이에 무심히 걸려 있었다. 모든 것이 나를 더 화나게 했다. 어떻게 집을 나갈 수 있었을까? 그의 물건들은 그대로인데 그 자신만 사라져 버린 그 이중성이 견딜 수 없었다. 식탁에 앉아 있어도 그가 가족을 두고 떠났다는 사실이 나를 더 화나게 했다. 아버지가 없어진 자리에는 고요함과 함께 깊은 상처가 자리 잡았다. 그 자리를 볼 때마다 아버지가 우리를 외면하고 떠나버린 그날의 기억이 떠올라 가슴이 미어졌다.

시간이 흐르면서 분노는 서서히 지쳐갔다. 분노가 가시고 난 뒤 나는 그 빈자리가 채워지지 않는다는 것을 깨달았다. 분노로 가득 찼던 내 마음 한편에 아버지의 부재가 남긴 커다란 구멍이 서서히 드러나기 시작했다. 그 구멍은 더 커져만 갔고 나는 그 빈자리를 어떻게 채워야 할지 몰랐다. 아버지의 목소리, 그 따뜻한 미소, 가끔 나에게 들려주던 짧은 충고가 떠올랐다. 아버지가 떠난 자리가 이토록 쓸쓸하게 느껴질 줄 몰랐다. 아버지를 더 깊이 이해하려고 했다. 아버지가 왜 떠났는지 왜 그런 결정을 했는지 이해하려고 애썼다.

그날 밤. 나는 아버지가 앉아 있던 식탁의 빈자리를 바라보며 그 자리에 앉아 있는 나 자신을 발견했다. 그 자리에 앉아보니 그동안 느꼈던 분노는 그리움으로 변해가고 있었다. 아버지가 그토록 사랑했던 우리 가족을 떠나야 했던 이유를 이해할 수는 없었지만, 그의 빈자리가 남긴 상처를 이제 이해하고 용서할 수 있을 것 같았다. 나는 아버지가 돌아오실 날을 기다리며 조용히 기도했다.

### 해결책은 결국 나 자신이었다.

당장 오늘내일 먹을 것을 걱정하는 상황에서 꿈이라는 것은 사치였다. 내 목표는 그저 지금 당장 돈을 버는 것이었다. 돈이 있어야 숨을 쉴 수 있을 거로 생각했다. 공부는 그저 먼 이야기일 뿐이었다. 대학은 마치 돈 걱정 없는 사람들만의 특권처럼 느껴졌다.

돈이 없다는 것, 꿈을 꿀 수 없다는 것. 그리고 그 꿈을 꿔서도 안 된다는 인식이야말로 인생의 진정한 비극이었다. 나는 출구 없는 이 비극 속에서 언제 끝날지 모를 고통을 견디고 있었다. 그러나 다행히도 삶의 고통 속에서 나는 그저 참아내는 데만 급급하지 않았다. 어딘가에 불씨처럼 남아 있는 의심이 나를 괴롭혔다. '이대로 좋은가?', '정말 방법이 없는가?' 그 질문들이 내 마음속에서 자꾸만 되풀이되었다. 그리고 그 순간, 문제를 나 자신에게서 찾기 시작했다. 내가 문제를 인식하고 그것을 내 안에서 찾았을 때 해결방법은 반드시 있을 것이라고 믿었다.

**결국, 해결책은 나에게 있었다.** 다른 곳에서 답을 찾지 않았다. 그저 스스로 해결할 수 있다고 믿고, 매일같이 그 주문을 되새겼다. 질문을 던지고, 그에 대한 답을 찾으려 애쓰자 불안감은 점차 사라지기 시작했다. 그래서 시작한 것이 야간 아르바이트다. 살아가며 우리는 수많은 자극을 맞닥뜨린다. 어떤 자극은 가슴 깊이 울리고, 또 어떤 자극은 무심히 지나간다. 그러나 시간이 지나며 기억 속에 남는 것은 우리가 온전히 받아들인 자극들이다. 그 자극들은 내 삶의 중요한 순간으로 새겨지고, 비로소 그 의미가 나에게 다가온다. 자극이란, 내가 마음속에 담은 의미 속에서만 존재하는 것이다.

# 버스정류장에서 만난
# 전환점

*"질문을 통해 얻는 대답은 우리의 삶을 새로운 길로 이끈다."*

*- 알버트 아인슈타인*

"다른 건 신경 쓰지 말고, 공부만 해라. 바르게만 자라라." 학생이라면 누구나 한 번쯤 들어봤을 법한 지극히 평범한 말. 하지만 내겐 그마저도 허락되지 않았다. 그래서 그런 말을 들을 수 있는 이들이 부러웠다. 나에게 현실은 냉정했다. 나는 돈을 벌어야 했다. 하지만 그렇다고 학교를 그만둘 수는 없었다. 결국, 선택지는 하나뿐이었다. 밤에 일하는 것. 그중에서도 몸 하나 튼튼하면 되는, 그리고 페이가 비교적 높은 그런 일을 하는 것이다. 택배 물류센터가 눈에 들어왔다. 수소문 끝에 인력센터 과장님의 전화번호를 손에 넣었다. 망설임 없이 전화를 걸었다. 과장님은 내 이야기를 듣고는 짧게 말했다. "저녁 8시 30분까지 출근하면 돼."

학교를 마치고 곧장 버스정류장으로 향했다. 인력센터까지는 버스로 약 40분. 하지만 배차 간격이 길어 한 시간에 한 대꼴이었다. 첫인상이 중요하다는 생각에 두 시간 일찍 버스에 올랐다. 8시가 되기 전에 인력센터에 도착했다. 막연히 깔끔한 사무실과 단정한 직원들을 떠올렸지만, 현실은 전혀 달랐다. 공기에는 땀 냄새가 배어 있었고, 작업복 차림의 아저씨들이 소파에 널브러져 있었다. 과장님을 찾아가 정중히 인사를 건넸다. "열심히 하겠습니다!" 과장님은 나를 한 번 훑어보더니 씁쓸한 표정으로 말했다. "페이가 높아서 고등학생들이 자주 오긴 하는데, 한 번 일하고는 잠수 타는 경우가 많아." 나는 조금도 망설이지 않고 대답했다. "걱정 마십시오!"

저녁 9시, 인력센터 사무실 앞에 봉고차 한 대가 멈춰 섰다. 작업자들은 별다른 말 없이 차에 올랐고, 나도 그들 틈에 섞여 물류센터로 향했다. 9시 30분, 도착하자마자 물류센터 관계자가 나타나 빨간 코팅 장갑을 건넸다. 이내 조 편성이 이뤄졌다. 트럭에서 물건을 내리는 하차조, 내린 짐을 레일 위에서 지역별로 분류하는 분류조, 분류된 물건을 다시 트럭에 싣는 상차조. 나는 하차조로 배정됐다. "처음 온 사람은 보통 하차조부터 시작해요." 별다른 기술이 필요 없는 단순 작업이었다. 트럭에서 쏟아지는 짐을 차례로 내리기만 하면 됐다. 분류조는 지역 코드를 빠르게 판별해야 했고, 상차조는 트럭 공간을 효율적으로 활용해야 했다. 그러니 경험 많은 사람들이 맡는 게 당연했다. 트럭들이 몰려오기 시작했다. 10t 트럭부터 15t 트럭까지 정말 많은 차가 줄을 서서 기다리고 있었다. 첫 작업. 생각보다 쉽겠다고 여겼던 그 순간, 트럭 문이 열렸다. 그리고 쏟아지는 물건들. '이거 장난 아닌데.'

택배 물류센터. 그곳에서의 일은 가혹했다. 트럭이 멜로디와 함께 후진으로 차를 주차하고 문을 열었다. 내 키를 훨씬 넘는 높이까지 물건이 실려 있었다. 상자, 아이스박스, 김치 등 보기만 해도 무거워 보이는 물품이 보였다. 짐을 내리기 시작했다. 파손되면 안 되기 때문에 정말 조심조심 레일 위에 내려두었다. "야! 거기!" 관계자분이 소리쳤다. "그렇게 해서 언제 일 끝낼 거야!"라고 하며 달려와서 시범까지 보여주었다. 빨리빨리 내려야 한다고 했다. 금세 땀으로 옷이 젖었고 팔과 허리의 통증이 느껴졌다. 정신없이 차 한 대를 비웠다. 조금 쉬어볼까 했더니 물건이 가득 찬 트럭이 이어서 기다리고 있었다. 도망가고 싶었다. 인력센터 과장님이 한 말이 생각났다. 일 해보고 잠수 타는 학생들이 많다는. 자신 있게 걱정하지 말라고 했던 내 말에 책임을 지고 싶었다. 이를 악물었다.

시끄럽게 돌아가던 레일이 멈추고 주변이 고요해졌다. 시계는 12시를 가리킨다. 야식 시간이다. 안내에 따라 3층에 마련된 식당으로 갔다. 배식을 받고 젓가락을 들었는데 젓가락을 쥔 손이 바들바들 떨려서 음식을 제대로 집을 수가 없었다. 반찬으로 콩자반이 나왔는데 젓가락으로 집는 것을 포기했다. 콩나물국에 식은 밥을 '척'하니 말았다. 따뜻하고 짭조름했다. 그 맛을 아직도 잊을 수가 없다. 밥을 먹고 잠시 넋 놓으며 앉아 있었다. '여기는 어디? 나는 누구?' 레일이 돌아가는 소리가 들렸다. 00시 30분. 주머니에 넣었던 코팅 장갑을 다시 꺼내 들었다. 다시 택배 상자와 치열한 싸움을 시작했다.

새벽 4시. 드디어 모든 차량의 짐을 다 내렸다. 뿌듯함과 함께 이제 쉴 수 있다는 기대감이 생겼다. 그대로 주저앉았다. 관계자분이 소리쳤다. "하차조! 일 다 끝났으면 짐 실어주는 상차 쪽으로 가서 도와!" 그때 깨달았다. 왜 초보자들을 하차조에 편성했는지. 비교적 임무가 먼저 종료되는 하차조는 일이 끝났다고 끝나는 게 아니었다. 다른 조 일을 도와야 했다. 상차조로 가서 짐을 실었다. 더는 몸에서 땀도 나지 않았다. 온몸이 아팠다. 새벽 6시. 모든 작업이 종료되었다.

버스정류장으로 이동했다. 첫차가 오기까지 두 시간 남았다. 의자에 기대어 잠시 졸았다. 그리고 첫차를 탔다. 버스에서 내리려는데 다리에 힘이 풀렸다. 버티지 못하고 주저앉았다. 매섭고 암흑한 어른들의 세계를 경험하고 온 것 같았다. 어른들의 세계는 생각보다 더 복잡하고 냉혹하며 무거운 책임감으로 가득 찬 곳이었다. 훌훌 털고 일어나서 집으로 향했다.

집에서 가방을 챙겨서 학교에 갔다. 수업 시작과 동시에 잠이 들었다. 그리고 저녁이 되었다. 일하러 가야 할 시간이다. 온몸이 아팠다. 핑계를 대고 일을 가지 않을까 생각했다. 하지만 이내 코팅 장갑을 끼고 있는 나 자신을 발견했다. "그래. 끝까지 해보자." 열심히 일했다. 기본적인 생활비와 가정에 보탬이 되고 싶었다. 매일 아침 6시. 지친 몸으로 버스정류장으로 향했고 어김없이 의자에 기대어 졸다가 첫차를 탔다. 그렇게 수개월이 흘렀다. 힘들다고 생각했던 일도 제법 잘 적응을 했다. 물류센터에서 일하는 아저씨, 형들과도 친해졌다. 일하면서 노래도 주거나 받거니 불렀다. 서로 농담도 치며 웃었다. 몸은 힘들었지만 내성이 생긴 것인지 버틸만했다. 어려운 곳에서 견디고 적응해가는 나 자신이 대견하다고 느껴졌다.

## 간절히 바랄 때
## 그 소망은 우리 앞에 다가온다

문득 이런 생각이 들었다. 이런 삶을 언제까지 살아야 할까. 조금 더 안정되게 살 수는 없을까. 매일 이렇게 힘든 삶을 살아야 하는지 매일매일 수없이 자신에게 묻고 또 물었다. 평소와 다름없이 일을 마치고 나왔다. 매일 왔던 버스정류장. 갑자기 나의 시선을 사로잡은 문구가 있었다. "지금 바로 도전하세요." 특전부사관 홍보 포스터였다. 9급 공무원에 준하는 급여와 대우, 주거지원과 학비 지원, 각종 교육까지 보내준다는 문구였다. 간절히 바라면 이루어진다고 했던가.

**내가 원하던 '안정적 삶'이라는 것이 텍스트로 다가왔다. 그날 버스정류장에서 현실은 과거가 되고 나는 미래를 향해 감싸고 있던 단단한 알이 깨지는 소리를 들었다.** 잊고 있었던 꿈을 다시 꾸게 되었다. 대한민국 성인 남성이라면 누구나 병역의 의무를 이행해야 한다. 누구나 해야 하는 그 병역의 의무를 돈을 벌면서 할 기회였다. 공무원으로 안정적인 삶까지 보장받으면서 말이다. 전화기를 들었다. "포스터 보고 연락했습니다. 저 특전부사관이 되고 싶습니다."

# 삶의 균형은
# 작은 데서부터 시작한다

"삶의 균형은 모든 것을 적절한 비율로 조화롭게 유지하는 데 있다."

- 레오나르도 다 빈치

　안정적인 생활을 위해 입대를 선택했다. 현실에서 벗어남과 동시에 인생의 새로운 전환점을 맞이하려는 시점이었다. 동네 어른들은 '직업군인'만큼 좋은 것이 없다고 잘 선택했다고 했다. 하지만 반대의 시선들도 있었다. '집안 형편이 좋지 않아서 갔다.'라는 말을 하는 어른들도 있었다. 틀린 말은 아니었다. 하지만 그 말에 동의하고 싶지 않았다. 가족의 빈곤이 겉으로 드러날 때마다 주변 사람들의 시선을 피하려고 애썼다. 그래서 가장 힘들다는 '특전사'를 선택했다. 멋있어 보이기도 했고 '특'이 들어가니 특별해 보였다. 입대가 아니어도 더 나은 선택지가 있을 거라는 말들이 오갔다. 하지만 나는 흔들리지 않으려 애썼다. 상처받지 않으려 했고, 스스로의 선택이 최선임을 믿었다. 그리고 망설임 없이 그 길을 걸어갔다.

서늘한 바람이 방 안을 스치고 지나갔다. 나는 창가에 앉아 밤하늘을 올려다보았다. 어둠 속에서 별들이 총총히 빛나고 있었다. 하지만 내 마음속은 온통 뒤엉킨 고민들로 가득했다. 입대를 결정했지만 가족들에게 말할 용기가 나지 않았다. 입을 여는 순간 그들이 받을 충격과 걱정이 고스란히 전해질 것만 같았다. 입대일이 가까워질수록 나는 평소와 다름없는 일상을 유지하려 애썼다. 어머니와 누나는 여전히 평온한 하루를 보냈고, 나는 그 틈에서 매일 저녁 준비물과 일정을 점검하며 마음을 다잡았다. 내 결심이 가족들의 우려로 흔들릴까 봐, 그 불안이 나를 집어삼킬까 봐, 미리부터 마음의 거리를 두고 있었다.

입대 전날 저녁. 어머니와 누나, 나까지 셋이 모여 식사를 했다. 식사가 끝나자 마음을 가다듬고 자리에 앉았다. 그날따라 어머니와 누나의 웃음소리가 유난히 멀게만 느껴졌다. 숨을 깊이 들이쉬고 무겁고 침울한 마음을 추스르며 입을 열었다. "엄마, 누나. 나 내일 입대해요." 순간 식탁 위에 있던 모든 것이 정지된 듯했다. 어머니의 손이 음식 위에서 멈췄고 누나의 얼굴이 굳어졌다. 방 안에 긴장감이 감돌았다. 나는 계속 말을 이어나갔다. "고민이 많았고 결정하기까지 시간이 걸렸어요. 하지만 이 길이 최선이라고 생각해요. 늦게 말해서 미안해요." 어머니는 충격과 걱정의 표정으로 나를 보았다. 어머니의 눈시울이 붉어졌고 긴 한숨을 내쉬었다.

2007년 7월 19일. 입대일이다. 혼자 가겠다고 했지만, 어머니는 끝까지 함께하겠다는 뜻을 굽히지 않으셨다. 결국, 나란히 경기도 광주 특수전학교로 향했다. 입교 절차를 마치고 체육관에 들어섰다. 여기까지였다. 1층은 입대자만 출입할 수 있었고, 가족들은 2층 관람석이나 체육관 뒤편으로 이동해야 했다. 머리를 짧게 자른 지원자들이 하나둘 모였다. 마치 학교 조회시간처럼, 우리는 통제에 따라 차례로 줄을 맞춰 섰다.

선글라스를 쓰고 있는 교관이 우리 사이를 지나간다. "앞만 봐. 뒤돌아보지 마." 이어서 방송이 나온다. "이제 가족분들께서는 댁으로 돌아가시기 바랍니다." 뒤편과 2층에 있던 가족분들이 소리친다. "힘내!", "멋있다!", "화이팅!" 등 앞만 보라는 교관의 말을 무시하고 뒤를 돌아보았다. 수많은 사람 중 어머니가 보였다. 울고 계셨다. 애써 웃으며 미소를 짓고 있지만 슬퍼 보였다. 지금까지 내가 봤던 어머니 모습 중 가장 슬퍼 보였다. 가슴이 아릿해진다. 그동안 어머니께 더 잘하지 못한 것이 후회되었다. 볼이 뜨거워졌다. 뜨거워지는 눈시울을 이겨내야 했다. 머리를 숙였다.

3개월간의 훈련은 빠르게 지나갔다. 그리고 첫 휴가를 맞이했다. 군복을 입고 집으로 돌아갈 수 있는 이 특별한 날을 손꼽아 기다렸다. 하지만 고향에 돌아가는 기쁨과 동시에 마음 한편에 오래된 갈등과 불안이 뒤섞인 복잡한 감정을 품고 있었다. 군대에서의 강도 높은 훈련과 스트레스에서 벗어나 잠시 평온한 시간을 갖게 되는 것은 분명 기쁜 일이었지만 떠나기 전에는 알지 못했던 감정의 무게가 더욱 크게 느껴졌다. 내 마음속에서 가장 큰 고민은 어릴 적 집을 나간 아버지와의 재회였다.

아버지가 떠난 이후로 그에 대한 기억은 간직하고 있었지만, 얼굴을 못본 지 꽤 오랜 시간이 흘렀다. 아버지에게 연락했다. 입대할 때도 보지 못했던 아버지였다. 첫 휴가를 나왔다고 하면 아무리 바빠도 만나줄 거로 생각했다. 아버지와의 만남은 내가 상상했던 것과는 다른 감정이 복잡하게 얽힌 순간이었다. 아버지는 군복 입은 나의 모습을 보고 놀람과 혼란 섞인 표정을 지었다.

"맛있는 거 먹으러 가자!" 아버지를 따라간 곳은 분식집이었다. 첫 휴가를 나와서 고기와 피자, 치킨 등이 먹고 싶었는데 분식집에 올 것이라곤 생각지 못했다. 떡볶이, 튀김, 어묵 등. 맛있는 거 다양하게 먹으라고 웃으며 말씀하셨다. 아직도 아버지 눈에는 내가 중학생 입맛을 가진 아들이었다. 투정을 부리며 포크를 들었다. 이게 뭐냐고 불평은 했지만 맛있게 잘 먹었다. 음식을 다 먹을 때쯤 아버지가 주머니를 뒤적거린다. 당황한 모습이 지갑을 놓고 오신 것이다. 근처가 집이라고 하시며 기다리라고 했다. 이제 막 식사를 마쳤는데 급하게 뛰어가신다. 뭐가 그리 급하다고 뛰어가시는지 마음이 좋지 않았다.

아버지가 어떻게 지내고 계셨는지 궁금했다. 식당에서 계산하고 몰래 아버지의 뒤를 따라갔다. 걸음이 이어질수록 묘한 불안감이 스며들었다. 시내의 번화한 거리를 지나고 이리저리 돌아갔다. 따라가면서도 이상함이 느껴졌다. 가정집이 있을 만한 곳이 아니었다. 한참을 돌고 난 뒤 한 허름한 건물로 들어섰다. 아버지가 엘리베이터에 타는 순간, 나는 그의 층수를 확인한 뒤 조용히 뒤를 따랐다. 그곳은 고시원이었다. 문 앞에 다다랐을 때 아버지가 들어간 호실의 문을 열었다. 순간 아버지와 눈이 마주쳤다. 마치 무언가 딱딱한 것으로 뒤통수를 세게 맞은 듯한 충격이 몰려왔다. 방 안을 둘러보니 고작 한 사람이 누울 수 있는 작은 공간이었다. 아버지의 170cm 남짓한 키가 방에 눕기라도 하면 꽉 찰 듯했다. 아버지는 미소를 지으며 말했다. "여기 밥이랑 김치도 공짜야." 나는 더 아무 말도 할 수 없었다.

그저 침묵 속에서 무거운 감정이 차올랐다. 그제야 알았다. 아버지가 집을 나간 후 어떤 삶을 살아오셨는지. 빈손으로 서울에 올라와 얼마나 치열하게 일하셨는지. 그 힘겨운 세월 속에서 고시원비를 제외한 모든 돈을 우리에게 보냈다는 사실을. 그동안 아버지를 원망하며 쌓아왔던 내 감정이 부끄러워졌다. 아버지와의 재회는 단순한 감정의 충돌이 아니었다. 그것은 서로의 상처를 이해하고 치유해가는 과정이었다. 우리는 아픔과 후회를 나누며 오래된 갈등을 풀어나갔다. 그 만남은 단순히 가족과의 재결합이 아닌 나 스스로 진정으로 원했던 것이 무엇인지 깨닫는 계기였다. 아버지와 함께 그동안의 상실을 마주하고 새로운 시작을 향해 나아가는 출발점이었다. 첫 휴가는 오랜 시간 갈망해왔던 아버지와 화해, 마음속 깊이 묻어두었던 상처의 치유 그리고 새롭게 펼쳐질 미래를 향한 소중한 시간이 되었다.

나는 아버지에게 자랑스러운 아들이 되기로 했다. 그동안 아버지를 향해 날렸던 원망의 화살을 효도의 힘으로 바꾸기로 했다. 매일 자신에게 질문을 던지기 시작했다. **"지금, 이 순간 내가 무엇을 해야 하는가? 무엇을 할 수 있는가?"**

# 첫인상,
# 나를 어떻게 보여줄 것인가?

"첫인상은 두 번째 기회가 없다."

- 오스카 와일드

　알람 소리보다 먼저 눈을 떴다. 아직 세상은 어둠 속에 잠겨 있었다. 창문으로 스며드는 차가운 공기가 그날의 긴장감을 더욱 날카롭게 만들었다. 6개월간의 교육을 마치고 드디어 첫 출근을 맞이하는 날이다. 전투복의 모든 부착물을 다시 확인하고 전투화를 광이 나도록 닦았다. 혹시라도 전투복에서 냄새가 나지 않을까? 얼굴 가까이 가져와 냄새를 맡았다. 섬유유연제 향이 코를 자극했다. 잠시 후 혹시나 하는 마음에 다시 전투복의 냄새를 맡았다. 그 과정이 반복되며 나는 미세한 찝찝함을 느꼈다. 그것이 정말 존재하는 냄새인지 아니면 과민한 걱정 때문인지 분간할 수 없었다. 냄새를 맡고 섬유 탈취제를 뿌리기 반복하면서 나는 오늘이 '나'라는 사람이 어떻게 기억될지를 결정짓는 중요한 날임을 깊이 느꼈다. 나는 좋은 인상을 남기고 싶었다. 이 조직에서 인정받는 사람이 되고 싶었다. 그래서 나 자신을 완벽하게 준비하고 싶었다.

첫 만남은 단순히 새로운 사람을 만나는 것을 넘어 우리의 인생에 새로운 장을 열어주는 열쇠와 같다. 그것은 어떤 이에게는 정말 특별한 순간이기도 하다. 누군가를 처음 만날 때 비록 그를 온전히 알 수는 없어도 단 몇 초 만에 어떤 인상을 받는다. 첫인상은 이후의 관계에도 지대한 영향을 미친다. 사람들은 처음의 인상을 쉽게 바꾸지 않으며 그 인상은 무의식적으로 우리의 사고와 행동을 결정짓는다. 그 사람이 신뢰할 만한지 함께 일하고 싶은 사람인지를 판단하는 기준이 된다. 특히 직장에서의 첫인상은 직장 내의 위치를 결정짓는 중요한 요소가 된다. 상급자나 동료가 나를 어떻게 보느냐에 따라 기회와 평가가 달라지기 때문이다. 그렇기에 타인이 나를 어떻게 받아들일지에 고민하는 일은 누구에게나 숙명과도 같다. 그래서 우리는 첫 만남에서 자신을 어떻게 포장할지 고민한다. 나 역시 '대단한 사람'으로 비치기를 바랐다.

위병소 정문 앞에 도착하자 낯선 환경에 긴장감이 밀려왔다. 건물은 위압적이었고 총을 든 근무자의 모습은 차갑고 낯설게 다가왔다. 그 안에 숨겨진 건물들은 마치 세상과 단절된 듯한 기분을 자아냈다. 어깨에 멘 가방 끈을 단단히 쥐며 마음을 진정시키려 애썼다. 깊게 숨을 들이쉬며 동료들이 나를 어떻게 볼지 상급자들은 어떤 인상을 받을지 상상하니 가슴이 답답해졌다. 복잡한 감정을 가라앉히려 했지만, 가슴 속의 두근거림은 쉽게 진정되지 않았다. 정문에 설치된 거울에 비친 나의 모습을 점검하며 미소를 지어 보았다. 어색하지 않은지 몇 번이고 연습했던 미소였다. 오늘은 사회 초년생으로서 직장인으로서 모든 것이 시작되는 날이었고 첫 단추를 잘 끼워야 하는 중요한 순간이었다.

마음속으로 나 자신에게 중얼거리며 응원했다. "할 수 있어! 잘될 거야!" 그렇게 자신을 다독였다. 교육을 함께 받은 두 명의 동기와 같은 근무지에서 시작하게 되었다. 투박한 말투와 웃음기라고는 찾아볼 수 없는 상급자들이 우리 앞에 섰다. 그리고 질문 공세가 이어졌다. 내 차례는 세 번째였다. 다행히도 생각할 수 있는 시간을 벌 수 있었다. 출근 전부터 수없이 생각했던 스토리다. 그래서 무엇을 물어볼지 어떻게 답할지에 대해 스스로 되묻고 생각했었다. 드디어 내 차례다. "폭파가 뭐냐?"는 질문이 나에게 날아왔다. 나는 교범에서 다룬 2장 분량의 개념과 정의를 정확하게 또박또박 말했다. 사실 물어보지 않을까 싶어 그것만 외웠다. 답변을 들으며 선임들의 눈이 하나둘씩 커지기 시작했고 박수와 환호가 터져 나왔다. 엄청난 물건이 들어왔다고 했다. 사실 나는 뛰어난 사람이 아니다. 그저 교범 앞면의 내용만 외운 것뿐이었다. 그러나 그 한 번의 질문과 답변으로 나는 정말 '똑똑한 사람'으로 자리 잡게 되었다.

주변의 찬사와 좋은 평가를 받자 불안과 걱정이 암흑처럼 밀려왔다. '내 진짜 모습이 드러나면 어쩌지?' 스스로 부족함이 들킬까 두려웠다. 그들의 기대를 충족시켜야 한다는 압박감이 커졌다. 나는 가만히 있을 수 없었다. "나는 할 수 있어!"라는 자기 최면을 걸기 시작했다. 매일 저녁 두 시간의 자율학습을 했다. 교범을 손에 쥐고 더 열심히 공부했다. 누군가 내 분야에 관해 묻는다면 즉시 답할 수 있는 사람이 되기를 바랐다. 주변의 기대에 부응하고 싶었다. 부족한 '나'를 들키지 않기 위해 노력하고 준비했다.

시간이 흐르면서 생각이 조금씩 바뀌었다. 첫인상은 그저 순간의 그림자였다. 그 그림자의 형태는 오롯이 이후의 행동과 성품에 의해 결정된다는 것을 깨달았다. 첫인상은 단지 시작일 뿐, 그 뒤를 따르는 진정한 모습이 그 인상을 지탱하고 그것을 발전시킨다. 만약 첫인상과 실제 행동 사이에 간극이 생긴다면 긍정적인 평가도 쉽게 부정적인 그림자로 변할 수 있지 않을까?

새로운 곳에 첫발을 내디딜 때 우리는 흔히 첫인상이 중요하다고 생각하며 그 시작을 잘하려 애쓴다. 나 역시 그랬다. 상대에게 좋은 인상을 남기기 위해 노력했고, 그것이 내가 그 자리에서 성공할 수 있는 열쇠라고 믿었다. 그러나 돌이켜 보면, 첫인상은 그저 첫인상일 뿐이었다. 중요한 것은 시간이 지나도 변하지 않는 본질, 바로 사람 자체다. 첫 만남에서 어색하고 불안한 모습을 보였더라도 진심 어린 노력과 성실함으로 상대의 시선은 얼마든지 달라질 수 있다. 반면, 아무리 첫인상이 뛰어나도 그 이후의 행동과 태도가 부실하다면, 그 평가 역시 쉽게 추락할 수 있다.

첫인상에 집착했던 것은 내가 잘하고 싶다는 불안과 두려움에서 비롯된 것이 아닐까. **중요한 것은 처음이 아니라 그 이후로도 내가 만들어가는 모습이다.** 사람과 사람 사이에서 진짜 인상은 처음이 아니라 오랜 시간과 경험 속에서 서서히 쌓이고 완성된다.

# 핵심은 완벽함보다
# 명확한 소통에 있다

"명확하게 말할 수 없다면, 충분히 이해하지 못한 것이다."

- 알버트 아인슈타인

이제야 비로소 어른이 된 것만 같았다. 매달 급여가 들어오고 공식적인 직함이 주어졌다. 공무원증은 어느새 내 삶의 일부가 되었다. 거울 속 반짝이는 공무원증을 단 내 모습을 바라볼 때면 가슴 한편에 뿌듯함이 스며들었다. 나는 그 모습에 걸맞은 사람이 되겠노라 다짐했다. 그러나 현실은 그리 단순하지 않았다. 잘하고자 했지만 부족한 경험은 곧 한계를 드러냈다. 기대와 자부심은 점차 무거운 책임감으로 바뀌어갔다. 처음엔 보이지 않던 어려움이 수면 위로 떠올랐다.

나는 상급자로부터 지시를 받으면 알아서 해결해야 한다고 믿었다. 그게 유능함이라 믿었다. 내가 할 수 있는 최선을 다하면 인정받을 것이라는 자만이었다. 상급자도 이런 내 마음을 이해할 것이라 믿었다. 그러나 너무나 큰 오해였다. 보고서를 작성하라는 지시를 받았을 때다. 몇 가지 의문이 생겼지만, 묻지 않았다. 그 의문을 묻기보다는 스스로 해결하기로 했다. 내가 아는 범위 내에서 최선을 다했다고 스스로 감탄했다. 이 정도면 충분하다고 믿었다. 문제는 검토를 받지 못했다. 보고서는 시행하기 전에 적어도 두세 번은 검토 과정을 거쳐야 한다. 그러나 마치 내가 만든 보고서가 최종인 것처럼 상급자에게 임박해서 가져갔다. 그의 표정은 일그러졌다. 방 안의 차분하고 정돈된 분위기 속에 묘한 긴장감이 흘렀다. "네가 결정권자야!?" 상급자의 한마디는 내 가슴을 찌르는 비수처럼 날카로웠다. 그의 시선에는 실망이 짙게 깔려 있었고 그 감정은 뚜렷이 전달되었다. 자리로 돌아왔을 때 나의 심장은 여전히 빠르게 뛰고 있었다. 그 이상하고 오묘한 기분이 나를 집요하게 따라다녔다. 상급자의 기대를 저버렸다는 그 감정은 쉽게 가시지 않았다. 나는 그 실수의 무게를 온몸으로 느끼며 고개를 숙였다.

그 이후로도 나는 같은 실수를 반복했다. 방향을 잡지 못했다. 혼자서 모든 문제를 해결해야 한다는 신념에 사로잡혀 중요한 것들을 놓치곤 했다. 상급자의 요구는 점점 더 내 예상을 벗어났고 나는 헤맸다. 부족한 것은 단순한 경험만이 아니었다. 나에게 없었던 것은 주저 없이 물어볼 용기였다. 모든 걸 혼자 해결하려는 집착은 오히려 더 큰 문제를 불러왔다. 미숙하다는 걸 인정해야 했다. 하지만 그 사실을 입 밖으로 꺼내는 것이 두려웠다. 내 부족함을 드러내는 순간 무능한 사람으로 낙인찍힐 것 같았다. 두려움은 점점 더 깊어졌고 나를 더 움츠러들게 했다. 말하지 못한 고민은 쌓였고 해결되지 않은 문제들은 점점 커졌다. 두려움이 내 용기를 압도했다. 난처한 상황 속에서 나는 더 깊은 혼란에 빠져들었다. 그리고 실수는 어김없이 나를 찾아왔다. 중요한 보고서의 마감일을 놓쳤다. 상급자는 짜증 섞인 목소리로 내 이름을 불렀다.

"왜 이 중요한 걸 쌓아두고 있어? 모르면 물어봐야지!"

그 말은 차가운 바람처럼 스쳐 지나갔지만 변명할 수 없었다. 내가 먼저 입을 열지 않으면 아무도 내 마음을 알 수 없다는 사실을 너무 늦게 깨달았다.

생각을 바꿔야 했다. **상급자에게 묻는 것이 실례가 아니라는 것. 동료에게 조언을 구하는 것이 부끄러운 일이 아니라는 것을 깨달았다.** 업무를 수행하며 생기는 의문들은 혼자 끌어안고 있을 문제가 아니었다. 질문하는 것은 곧 조직을 위한 일이었다. 나의 능력을 과시하기 위함이 아니라 올바른 방향으로 나아가려는 방법이었다. 보고하고 확인받는 과정도 마찬가지였다. 그것은 단순한 절차가 아니다. 나 자신과 조직이 함께 성장하는 과정이었다. 상급자와의 소통은 두려움의 대상이 아니라 더 나은 결과를 위한 배움의 시간이었다. 나는 그동안의 오만을 인정할 수밖에 없었다. 명확히 이해하지 못한 부분은 반드시 질문하기로 했다. 물어보는 것이 오히려 조직에 더 큰 도움이 된다는 사실을 깨달았기 때문이다. 나 자신의 미숙함을 숨기지 않았다. 동료들과 적극적으로 소통하며 일을 효율적으로 해결해 나갔다. 그리고 그 변화는 점차 자신감으로 이어졌다. 동료들도 나를 더욱 신뢰하기 시작했다.

질문을 두려워하지 않는 것. 그리고 함께 고민하는 것. 그것이야말로 부족한 경험을 극복할 수 있는 열쇠였다.

이제는 마주한 문제들이 자연스럽게 해결되는 것을 느낀다. 미숙함은 나를 괴롭히지 않고 오히려 끊임없는 배움의 기회로 변모했다. 말하지 않으면 아무도 내 문제를 알지 못한다는 사실. 이 깨달음은 내게 커다란 변화를 가져왔다. 침묵 속에 문제를 묻어두지 않게 되었다. 앞으로도 많은 어려움이 기다리고 있을 것이다. 그러나 이제는 두렵지 않다. 나는 소통의 중요성을 깨달았고 문제를 함께 해결해 나가는 방법을 배웠기 때문이다. 사회생활을 시작하는 이들에게 말하고 싶다. 상급자와 끊임없이 소통하라. 그것이 일의 완성도와 성장의 길이다.

# 좌절 속 배움,
# 책임의 시작

"자신의 실수에 책임을 지는 것이 곧 성숙한 인간이 되는 길이다."

- 에이브러햄 링컨

업무과정에서 예기치 않은 난관이 닥친다. 추진 과정에서 오류가 드러나고 일정이 흔들린다. 역설적이게도 열정이 때로는 장애물이 되어 결정권자의 의도와 어긋나기도 한다. 최악의 경우 계획을 무산시키고 처음부터 다시 시작해야 하는 순간도 찾아온다.

추진 사업이 예상치 못한 문제에 부딪혔다. 규모가 커서 여러 조직이 한 목표로 움직여야 했다. 총괄은 우리 부서의 몫이었다. 과업을 배정하고 범위를 정하며 진행 상황을 감독했다. 그러나 결정적인 날이 다가오자 계획이 흔들렸다. 장비와 인원을 조정할 부서가 상황을 파악하지 못했다. 원인을 추적하던 끝에 한 동료의 판단이 문제였음을 알게 됐다. 그는 계획 변화를 제때 알리지 않았고 사업의 중요성을 간과했다.

"내 잘못이 아니야. 분명히 해야 해!" 갈등에 매달린 사이 문제의 본질은 흐려졌다. 문제 해결보다 동료의 실수를 지적하는 데 집중했다. "너 때문에 부서 이미지가 타격을 입었어.", "대체 무슨 일을 한 거야?" 비난이 이어졌다. 다른 동료들도 동참했다. 부드러운 햇살이 사무실을 비췄지만 공기는 얼어 있었다. 문제는 심각해졌다. 행사 일정은 치명적으로 지연됐다. 잘잘못을 따지느라 실질적인 조치를 못 한 것이다. 동료는 실수를 인정하며 수습하려 했다. 그러나 우리는 문제의 본질보다 그의 실수에 매달렸다. 내 마음은 책임을 피하려는 갈등으로 가득했다. 결정적 순간이 다가왔지만 나는 여전히 원인 분석에만 매달렸다. 잘못된 판단과 우선순위로 시간은 흘러갔다.

결국, 행사는 불안정하게 진행되었고 주관자와 주인공들에게 실수를 범했다. 조직의 이미지는 큰 타격을 입었다. 문제 해결의 타이밍을 놓쳤다는 사실을 온몸으로 깨달았다. 동료를 비난하고 책임을 따지려던 태도는 오히려 상황을 악화시키고 해결을 방해했다.

실패의 뒤안길에서 나는 깊은 자각에 이르렀다. 문제를 해결하기보다는 잘잘못을 따지느라 시간을 헛되이 보냈고 결과적으로 행사의 실패를 자초한 나 자신을 통렬히 후회했다. 동료의 실수를 문제 삼기보다 팀 전체의 문제를 해결하는 데 집중했어야 했다.

## 팀워크는 문제를
## 함께 해결하는 데서 나온다

문제가 발생했을 때 나는 책임을 회피하지 않기로 했다. 타인의 실수를 비난하기보다는 팀 전체가 힘을 합쳐 해결책을 모색해야 한다는 진리를 깨달았다. 실수를 인정하는 용기를 기르고 책임을 나누는 태도를 배우기 위해 의식적으로 노력했다. 작은 일에도 최선을 다하며 매 순간 책임을 다하는 데 집중했다. 시간이 흐르면서 변화된 태도와 책임감은 신뢰를 쌓는 밑거름이 되었다. 책임이란 짐이 아니라 성장의 기회다. 두려움이 아닌 배움의 과정이다. 성숙함은 완벽함이 아니라 불완전함 속에서 책임을 지는 용기다.

# 나를 만든 조각들은
# 선택이다

"우리는 반복적으로 행하는 것의 결과다.
따라서 탁월함은 행동이 아니라 습관이다."

- 아리스토텔레스

기록하는 습관은 어느새 내 삶의 숨결이 되었다. 시간이 허락되면 조용히 자리에 앉아 내면의 소리를 적는다. 눈앞에 종이가 보이면 펜을 들어 글을 쓰고 종이가 없다면 휴대폰 메모장이나 태블릿에 그 순간의 문장을 새긴다. 손끝에 흐르는 생각들이 나를 이끌고 나의 여정을 비추는 거울이 된다. 가끔은 내 인생의 지도를 펼쳐 놓고 걸어온 길을 되짚어보며 지난 선택들이 옳았는지 사색에 잠긴다. 기록은 나의 내면을 들여다보는 창이자 지난 시간의 발자취를 새기는 잉크의 흐름이다.

책상에 앉아 조용히 지나온 인생을 되돌아본다. "어디로 향해야 할까?" 정답은 없었다. 수많은 갈림길 앞에서 나는 매 순간 선택의 발걸음을 내디뎠다. 그 순간들이 쌓여 나만의 길이 되었고 그 길 위에는 내가 걸어온 흔적들이 어렴풋이 남아있다. 인생은 바람에 흔들리는 나뭇잎처럼 예측할 수 없는 방향으로 흘러갔지만, 그 속에서도 나만의 이야기가 만들어졌다.

내 첫 번째 선택은 17세. 고등학교 시절의 기억에서 시작된다. 친구들은 학문에 열중하며 목표로 삼은 대학에 입학하기 위해 분투했다. 그들의 열정과 꿈이 부러웠다. 나는 친구들처럼 꿈꾸기 어려운 현실의 냉혹함을 온몸으로 느꼈다. 꿈이 사치로 여겨졌던 시절. 나에게는 가족이 우선이었다. 생계를 유지하고 가족에게 조금이라도 도움이 되고자 아르바이트라는 선택을 했다. 그 길이 내가 걷는 유일한 길이라 믿었다. '내가 공부에 더 매진했더라면, 더 좋은 대학에 진학했더라면, 더 안정적이고 확실한 길을 걸었을까?'라는 생각이 스친다. 하지만 그런 생각이 들 때마다 나는 곧 고개를 저었다. 다른 이들이 보기에 틀렸다고 할 수 있다. 그러나 그때의 선택이 잘못된 것이라기보다는 그 과정에서 얻은 경험과 교훈이 나를 더 단단하게 만들었다. 그 길 위에서 나는 나 자신을 알아가며 인생이라는 큰 그림 속에서 중요한 한 조각을 맞추었다.

두 번째 선택은 20세 즈음 나에게 찾아왔다. 여전히 야경을 밝히는 택배 물류센터에서 일하며 생계를 유지했다. 고된 일에 조금씩 익숙해졌다. 일하는 와중에 동료들과 농담을 주고받기도 했다. 그러나 내면 깊은 곳에서 끊임없는 질문이 떠올랐다. "나는 잘 살아가고 있는가? 이렇게 사는 것이 맞는가?" 매일 같은 일을 반복하며 자신에게 물었다. 그러던 어느 날. 버스정류장에서 우연히 눈에 띈 포스터가 나를 끌어당겼다. 국방의 의무를 이행하며 공무원 혜택을 받는다는 문구는 내게 새로운 가능성의 문을 열어주는 듯했다. 군복을 입고 안정적인 직장에 들어설 수 있다는 기대감에 마음이 설렜다. 내면에서 품었던 불안과 갈망이 소망으로 변해갔다. 더 나은 미래를 꿈꾸며 나 자신에게 도전할 준비의 시간이었다. 그 작은 포스터가 나의 인생 전환점을 가져다줄 것이라는 확신이 들었다.

세 번째 선택은 20대 중반. 군에서 부사관(중사)으로 복무하던 시절이었다. 군 생활은 나에게 안정과 규칙적인 삶을 선사했다. 반복되는 일상 속에서도 만족을 찾을 수 있었다. 그러나 마음 깊은 곳에서는 여전히 끊임없는 질문이 울려 퍼졌다. **"나는 잘 살아가고 있는가? 내 삶의 방향은 올바른가?"** 그 질문은 밤하늘을 가로지르는 유성처럼 내 가슴을 스쳐 지나갔다. 나는 내게 가장 중요한 가치가 무엇인지 다시금 곱씹었다. 어릴 적부터 품어온 열망. '대단한 사람이 되고 싶다.'라는 꿈이 선명하게 떠올랐다. 그리고 나는 장교가 되기로 했다. 그 선택은 단순한 직위의 변화가 아니었다. 나 자신을 더욱 단단하게 성장시킬 기회였고 아버지의 희생과 사랑에 대한 응답이었다. 무엇보다 내 삶을 한 단계 도약시키기 위한 필연적인 결정이었다. 이 선택이 어떤 변화를 가져올지는 알 수 없었다. 그러나 한 가지는 분명했다. 나는 새로운 길 위에 서 더 큰 목표를 위한 첫발을 내디뎠다는 것이었다.

네 번째 선택은 20대 후반. 장교로서 군 생활을 이어가던 시기였다. 군은 내게 많은 것을 주었다. 하지만 그중에서 하나를 꼽으라면 바로 사랑하는 사람을 만난 것이다. 장교가 되면서 강원도 홍천으로 발령받았다. 그곳에서 신앙생활을 통해 운명처럼 그녀와 연이 되었다. 처음에는 가정을 꾸린다는 것에 대한 두려움이 컸다. 책임에 대한 부담, 불확실한 미래에 대한 불안 그리고 스스로를 가두던 망설임이 있었다. 그러나 그녀는 따뜻한 미소와 진심 어린 지지로 내 안의 모든 두려움을 녹여주었다. 그녀와 함께하는 시간 속에서 나는 점차 안정을 찾아갔다. 사랑이란 단순한 감정이 아니라 서로를 지켜주는 연대임을 깨닫게 되었다. 그녀의 가족 또한 나를 따뜻하게 맞아주었다. 나는 그들로부터 더 많은 사랑과 응원을 받았다. 장교가 된 것은 직위의 변화를 넘어 삶을 더욱 풍요롭게 하는 사랑의 인연이었다.

다섯 번째 선택은 30대 중반. 인생의 여정 속에서 깊은 성찰을 통해 도달한 결심의 순간이었다. 과거의 고난과 역경이 나를 성장시키는 거대한 힘이었음을 깨달았다. 나는 그 경험들을 기록으로 남기기로 했다. 내 안의 진솔한 이야기를 세상에 전하려는 마음이었다. 어린 시절의 기억과 현재의 감정을 엮어냈다. 가족에 대한 깊은 애정과 소중한 추억을 되살리기 위해 애썼다. 기억의 조각들을 조심스럽게 모으며 그때의 감정과 경험을 글로 풀어냈다. 그 결과물이 바로 나의 첫 번째 책 『그대, 아버지라는 이름으로』였다. 이 책은 나의 내면 깊숙한 곳에서 우러나온 진솔한 감정의 발로였으며 과거와 현재를 잇는 다리 역할을 했다. 그렇게 나는 내 이야기를 세상과 나누었다. 과거의 고난을 새로운 빛으로 변화시키고자 했다.

  과거의 선택들은 단순히 옳고 그름을 넘어서 나를 성장시켰고 새로운 길로 나아가게 했다. 그 모든 순간에 대해 비록 그때는 알지 못했으나 이제는 고백할 수 있다. 과거의 나에게 감사하며 그 선택들이 오늘의 나를 만들었다는 사실을 진심으로 전하고 싶다.

# 과거는
# 현재를 해석하는 열쇠

"회고는 우리가 지나온 길을 이해하고,
앞으로 가야 할 길을 점검하는 중요한 과정이다."

- 헨리 데이비드 소로

　과거를 통해 현재를 해석하는 것이 정말 의미가 있을까? 나는 그렇다고 믿는다. 전쟁사가 그 좋은 예다. 러시아와 우크라이나, 이스라엘과 이란 등은 여전히 전쟁이 진행 중이다. 하지만 우리의 세대는 전쟁 경험이 없다. 그래서 우리는 과거의 전쟁사를 공부하고 분석한다. 전쟁의 양상과 특성을 이해하는 것이 전쟁을 이해하고 대비하는 데 필수적인 교훈과 통찰을 제공하기 때문이다. 이러한 이유로 고대 중국의 병법서인 『손자병법』은 오늘날에도 전쟁을 대비하는 이들에게 많은 지혜를 전한다. 이처럼 우리는 과거를 바탕으로 현재를 해석하는 과정에서 깊은 통찰을 얻을 수 있다. 과거의 교훈을 통해 현재를 더 잘 이해하고 미래를 준비하는 길을 모색해야 한다는 것이 바로 이 과정이 주는 의미이자 가치다.

나는 석양을 바라보는 것을 좋아한다. 그래서 지금도 답답할 때면 가족과 함께 석양을 감상할 수 있는 바다 근처로 드라이브를 떠난다. 붉게 물든 하늘은 내 마음속 감정들과 묘한 닮음을 지닌다. 그 하늘에는 빛바랜 기억들과 선택의 순간들이 얽혀 있다. 어린 시절 집안의 가세가 기울었다. 우리의 삶은 급격히 흔들렸다. 아버지의 잘나가던 지붕 개량 사업이 어려워졌고 가족의 생계는 위기에 처했다. 아버지는 집을 떠나셨고 어머니는 시골에서 품앗이와 식당 일을 하며 생계를 이어갔다. 고등학생 시절의 나는 무모하고 열정적이었다. 세상에 대한 원망이 가득했다. 가난한 집안이 세상에 드러나는 것이 두려워 강하게 보이려 애썼다. 친구들이 누리는 평범한 일상이 그저 부러웠다. 따뜻한 방에서 공부하며 부모와 웃는 시간을 보내는 것이 내게는 사치였다. 어머니가 조금이라도 쉬는 모습을 보면 괜스레 마음이 아팠다. 그 모습이 너무 지쳐 보였다. 어린 마음에도 그 고통이 힘겹게 느껴졌다. 그래서 나는 집안의 짐을 짊어져야 한다는 책임감을 느끼기 시작했다. 학업보다는 당장 할 수 있는 무엇인지 고민했던 것도 그 때문이었다.

　그 당시에는 몰랐다. 내가 내린 선택 하나하나가 내 인생에 얼마나 많은 영향을 미칠지를. 내 선택은 언제나 모험과 안정감 사이에서 줄다리기했다. '안전함'과 '안정감'이라는 단어는 내 마음속 깊이 뿌리내리고 있었다. 공부에 집중하기보다는 야간에 아르바이트를 시작한 것도 그중 하나였다. 그 선택들이 쌓여 오늘의 내가 되었음을 이제는 알 수 있다.

마흔을 바라보는 지금. 나는 책상에 앉아 과거를 되돌아본다. 수많은 선택의 길을 걸으며 이 자리까지 오게 된 내 인생의 자취를 되새기고 있다. 과거를 돌아본다는 것은 단순히 맞고 틀리기를 따지거나 후회하는 일이 아니다. 그것은 오히려 그 선택들 속에서 얻은 교훈이 현재의 나를 어떻게 더 단단하고 깊이 있게 만들었는지를 깨닫는 여정이다.

나는 과거의 선택을 탓하지 않는다. 오히려 되돌아볼수록 그 시절의 나 자신을 더욱 사랑하고 이해한다. 과거의 기억들은 단순히 지나간 시간의 조각이 아니다. 현재와 만나 소중한 인생의 일부분으로 빛난다. 과거는 언제든지 변화할 수 있다. 현재의 상태에 따라 과거는 여전히 비극의 그림자일 수도 있고 아름다운 추억으로 기억의 저편에서 햇살처럼 반짝일 수도 있다.

지금 내가 행복하다면 과거의 기억은 그저 추억의 한 조각에 불과할 것이다. 반대로 과거가 여전히 아픔으로 나를 찔러댄다면 그것은 현재의 삶이 평온하지 않다는 신호다. 그 아픔이 계속해서 나를 괴롭힌다면 그것은 물러설 것이 아니라 현재를 희망의 시간으로 바꾸라는 운명의 조언이라고 믿는다. 과거의 상처와 교훈이 오늘의 나를 더 강하게 만들고 미래를 향한 희망의 길을 열어준다.

# 삶은 정답이 없는
# 나만의 여정이다

"오늘의 나를 만드는 것은 어제의 질문이었고,
내일의 나는 오늘 던질 질문에서 나온다."

- 마하트마 간디

어릴 적부터 나는 '대단한 사람'이 되고 싶었다. 그 '대단함'이 정확히 무엇을 의미하는지는 몰랐다. 하지만 성공과 깊이 연결되어 있다고 믿었다. 성공은 분명 중요하다. 그러나 내가 원하는 일을 하고 떳떳하게 살아가는 것이 더 중요하지 않을까? 정상에 서는 것보다 그 여정에서 마음을 다하고 열망을 따르는 것이야말로 진정한 대단함이 아닐까.

나는 꿈을 고민하기보다 현실 속에서 '지금 나는 무엇을 할 수 있는가?'를 자문하며 답을 찾아왔다. 돌아보니 그 선택들은 모두 최선이었다. 포기하지 않았기에 실패에 대한 면역력이 생겼다. 시도하지 않았다면 실패도 없었겠지만 어떤 문도 열지 못했을 것이다. 역경과 도전 속에서도 흔들리지 않았고 그 모든 어려움이 나를 앞으로 나아가게 했다. 되돌아보니 나는 묵묵히 올바른 길을 걸어왔다.

멀게만 느껴지던 마흔이 서서히 다가오고 있다. 그 숫자는 두렵지 않다. 오히려 묘한 안도감을 준다. 지나온 길을 돌아보며 삶을 깊이 음미한다. 실패와 성공을 번갈아 맛보며 수없이 스스로에게 질문을 던져왔다.

"이 길이 맞을까? 잘 살고 있는 걸까?" 반복된 질문은 나를 깊은 사색으로 이끌었다. 스스로를 끊임없이 되돌아보게 했다. 질문마다 새로운 깨달음이 스며들었고 답은 서서히 형태를 갖춰갔다. 하지만 정답은 없었다. 오히려 알게 된 것은 **삶이란 정답을 찾는 것이 아니라 선택한 길을 묵묵히 걸어가는 과정이라는 사실이었다.**

돌아보니 모든 선택이 서로 얽혀 나를 여기까지 데려왔다. 길은 평탄하지 않았지만, 그 경험들이 나를 더 깊고 강하게 만들었다. 이제는 안다. 과거의 선택들은 흔적이 아니다. 지금의 나를 이루는 본질이다. 내가 걸어온 길과 그 안의 고민이 나라는 사람을 만들었다.

마흔은 새로운 시작의 문턱이자 살아온 인생을 깊이 들여다볼 기회다. 세상의 시선 속에서 나는 그저 평범한 남자다. 어린 시절 교실에서 시간을 보내고 사회에 발을 디디며 직장인이 되었다. 결혼을 하고 두 아이의 아버지가 되었다. 직장에서는 성과를 내며 인정받고 가정에서는 가족을 위해 최선을 다해왔다. 때로는 가족과 일을 위해 욕망과 편안함을 희생했다. 그 과정에서 고난도 있었지만, 묵묵히 견뎌냈다. 마흔이라는 나이는 걸어온 길의 흔적을 담은 시간이다. 평범한 일상 속에서 나만의 의미를 찾아가는 여정의 한 페이지다.

완벽한 삶을 추구하는 것은 허상이다. 오히려 불완전함 속에서 진정한 행복을 찾는 것이 삶의 본질이다. 불확실함과 고난 속에서 우리는 비로소 의미와 가치를 발견하고 그 자체로 인생의 아름다움을 느낀다. 타인의 삶과 나를 비교하는 것은 어리석다. 경쟁에서 졌다고 삶이 끝나는 것도, 이겼다고 행복이 보장되는 것도 아니다. 우리는 각자 주어진 삶 속에서 최선을 다할 뿐이다. 많은 것을 가졌다고 행복이 보장되지 않으며 적게 가졌다고 행복이 결핍되는 것도 아니다. 끊임없는 경쟁 속에서 성장해 왔지만 진정 중요한 것은 승패가 아니라는 걸 깨달았다. 중요한 것은 그 순간을 '어떻게 살아가는가?', '얼마나 진심으로 즐기는가?'에 달려 있다. 삶의 본질은 이기고 지는 데 있지 않다. 매 순간을 온전히 경험하며 작은 행복을 찾는 것. 그것이야말로 진정한 삶의 미학이 아닐까.

나에 대한 평가는 내가 걸어온 길의 흔적 속에서 비롯된다. 그것은 먼 미래의 업적이 아니라 지금 이 순간을 의미 있게 채워 나가는 과정이다. '진정한 기쁨이란 무엇인가?', ' 진정한 즐거움이란 무엇인가?' 나는 내 방식으로 그 답을 찾아가며 살아갈 것이다. 타인의 시선이나 평가에 휘둘릴 필요는 없다. 나는 남의 기대에 맞춰 살아온 적이 없다. 내 삶의 가치는 오직 나 자신이 결정한다. 나만의 길을 따라가며 스스로 의미 있는 삶을 살아갈 것이다. 그렇게 내 삶은 온전히 나만의 것이 될 것이다.

'잘 살아왔다는 것'은 철저히 주관적인 판단이다. 누구에게 전할 수도 물려줄 수도 없는 무형의 가치이며 깊은 철학을 지닌다. 전하고 싶지만 전할 수 없고 물려주고 싶지만 물려줄 수 없는 것. 결국, 자기 삶에 만족하는 것이야말로 진정 잘 살아왔다는 증거다.

내가 선택한 길을 믿고 결과와 상관없이 스스로 만족하는 것. 그것이 삶을 의미 있게 만든다. 이제 '내가 잘 살아왔는가?'라는 질문에 더는 의미를 두지 않는다. 이미 답을 알고 있기 때문이다.

정답은 없다는 것. 내가 걸어온 길이 곧 나의 삶이 되었고 그 삶이 나를 정의했다는 것. 그 과정에서 얻은 깨달음과 성장은 무엇과도 바꿀 수 없는 소중한 자산이다. 앞으로도 묵묵히 걸어갈 것이다. 어떤 길이든 그것이 내가 가야 할 길임을 믿기 때문이다.

# 오늘, 나에게 묻는 시간

- '잘 살아왔다'라는 것은 삶의 여정에서 성장하고, 어려움을 극복하며, 자신과 타인에게 긍정적인 영향을 끼쳤다고 느끼는 것입니다. 단순히 시간이 지나간 것을 넘어서, 그 과정에서 자신이 얼마나 진지하게 삶을 살아왔는지를 중요하게 여기는 것이지요.
- 여러분은 진정 원하는 삶을 살고 있나요?
- 경험한 고통과 실패가 있다면 그 속에서 얻은 교훈은 무엇인가요?

## 2장

# 걸어온 길 위에 답이 있다

### 삶의 흔적에서 배운 것들

The key to the future

# 내면의 목소리가
# 열어주는 가능성

"자기 자신에게 충실하라.
내면의 목소리에 귀 기울일 때, 진정한 가능성이 열린다."

- 윌리엄 셰익스피어

인간의 내면은 종종 소음 속에 묻힌다. 일상의 소란, 외부의 압박, 정보의 홍수 속에서 우리는 자신을 잃어버리기 쉽다. 하지만 그 안에서도 조용히 속삭이는 내면의 목소리가 있다. 그것은 가장 필요한 진실이자 가장 깊은 곳에서 울려 퍼지는 소리다.

내면의 목소리를 듣는 것은 바람 속에서 잃어버린 작은 종소리를 찾는 것과 같다. 그 소리는 우리의 본질과 연결된 가느다란 실이다. 듣기 위해서는 잠시 멈춰 귀를 기울여야 한다. 이 소리는 스쳐 지나가는 일상의 순간 속에 숨어 있다. 때로는 소음이 우리를 압도하지만, 그 속에서도 고요한 메아리는 사라지지 않는다. 그것은 존재의 깊은 곳에서 발산되는 미세한 진동처럼 듣고자 하는 마음만 있다면 언제든 들을 수 있다. 고요 속에서 우리는 그 작은 종소리의 정수를 발견한다.

책과강연의 이정훈 대표님이 내게 물었다. "어떤 책을 쓰고 싶나요?" 나는 망설임 없이 답했다. "저는 말의 힘에 관해 쓰고 싶어요." 그러나 대표님은 한 걸음 더 들어왔다. "그런 경험이 있나요?" 순간 나는 멈칫했다. 말의 위력을 늘 느껴왔지만 내 삶에서 그것이 구체적으로 어떻게 작용했는지 깊이 성찰해 본 적은 없었다. 대표님은 내 머뭇거림을 놓치지 않았다. "말이 꼭 사람의 입을 통해서만 전해지는 건 아니에요. 글로도 다가올 수 있죠." 그 순간 내 안에서 전율이 일었다. 돌이켜 보니 내 삶의 갈림길마다 나를 이끌어준 것은 언제나 '텍스트'였다. 마치 버스터미널 벽에 걸린 포스터처럼 늘 그 자리에 있었지만 필요한 순간에 선명하게 내 시야에 들어왔다. 그리고 깨달았다. 그 메시지들은 단순한 글이 아니었다. 내면과 나누는 깊은 대화였다. 나를 흔들고 일깨우고 방향을 제시하는 목소리였다. 말과 글은 단순한 전달 수단이 아니었다. 나를 변화시키는 힘이다. 그 깊은 대화 속에서 진정한 '나'를 발견한 것이다.

때로는 내면의 목소리에 귀를 기울여 보자. 우선, 외부의 소음을 떨쳐내야 한다. 휴대폰을 끄고, 세상의 번잡함을 밀어내며, 고요한 공간에 앉아보자. 스스로와의 대화는 단순한 생각 정리가 아니다. 그것은 내면의 깊은 갈망을 들여다보고, 감정의 흐름을 이해하는 신비로운 여정이다. 그 여정에서 마주하는 것은 본질적인 진리와 원초적인 감정들. 처음에는 혼란스럽고 불확실할 수도 있다. 그러나 그 침묵 속에서 점차 명확한 답이 떠오른다. 내면의 목소리를 듣기 위한 노력은 결국 자신을 돌보는 법을 배우게 하고, 우리는 그 과정을 통해 스스로를 더 깊이 이해하며 진정한 자아를 발견하게 된다. 또한, 열린 마음과 솔직함이 필요하다. 세상의 기대와 타인의 판단을 내려놓고, 진정한 자신의 감정과 욕망을 마주하라. 이 대화는 우리가 진정으로 원하는 것과, 단지 필요로 하는 것의 차이를 뚜렷이 깨닫게 한다. 때로는 피하고 싶던 진실이 드러날 수도 있지만, 그 깨달음은 바로 성장과 변화의 시작이다. 우리의 내면은 수많은 감정과 기억, 갈망으로 가득 차 있다. 그 안에서 조용히 울려 퍼지는 목소리는 가장 진솔한 대화로 우리를 이끌어간다. 이 과정은 한 번에 끝나지 않는다. 매일 조금씩 쌓여야 한다. 마치 바람이 산골짜기를 지나며 나뭇가지를 흔들듯. 내면의 목소리는 우리의 마음을 일깨우며, 마침내 우리는 자신을 더 깊이 이해하고 진정한 자아를 발견하게 된다.

내면의 목소리를 듣는 순간 우리는 자신과의 대화를 통해 새로운 가능성을 발견하고 스스로의 길을 찾아간다. 이 여정에서 마주하는 깨달음은 그 무엇보다 소중하며 진정한 자아와의 연결을 깊게 하는 열쇠가 된다.

# 비판의 눈길
# 내려놓기

"비판보다는 이해가, 공격보다는 포용이 더 강력하다."

- 달라이 라마

인생에서 가장 험난한 여정은 바깥세상이 아니다. 내면의 깊은 어둠을 탐험하는 것이다. 이 여정은 자기 자신을 있는 그대로 받아들이는 순간 시작된다. 마치 미로 속에서 길을 잃고 헤매듯 우리는 수많은 갈림길과 그림자를 마주하게 된다. 하지만 그 모든 순간이 결국 진정한 자신을 이해하고 사랑하는 과정이다. 끝자락에 다다르면 우리는 비로소 자신을 온전히 받아들이고 새로운 출발점에 선다. 내면의 빛은 그 어둠 속에서 더욱 선명해진다. 우리가 매일 마주하는 선택과 시련 속에서 성장할 힘이 된다. 이 과정은 끝이 아니라 새로운 시작을 여는 문이다. 우리는 진정한 자아를 찾고 깊이 이해하며 더 나은 자신으로 나아가는 길 위에 서게 된다.

나는 조직에서 열심히 일하고 성과를 내면 그것이 인정받는 길이라 믿었다. 문제를 스스로 해결하는 것이 최선이라 여겼다. 상급자의 의도를 묻기보다는 나만의 방식으로 처리하고 보고하는 것이 옳다고 생각했다. 예를 들어 2차 상급자가 업무를 지시하면 1차 상급자를 거치지 않고 직접 처리했다. 빠른 해결이 곧 효율이라 믿었기 때문이다. 처음에는 큰 문제가 없어 보였다. 하지만 시간이 흐를수록 1차 상급자는 불만을 드러내기 시작했다. 나는 맡은 일을 잘 해냈다고 생각했기에 그의 불쾌함이 이해되지 않았다. 단순히 새로 부임한 상급자의 적응 문제라 여겼다. 이전 상급자들은 업무 지연을 질책했지 빠른 처리에는 긍정적이었기에 같은 방식을 고수했다. 그러나 결과적으로 나는 건방진 담당자가 되었다. 상급자와의 거리는 점점 멀어졌다. 그 틈은 좁혀지지 않았다. 일상적인 업무가 점차 심리적 부담으로 다가왔다. 내 잘못을 알지 못한 채 그 차이를 좁히려는 노력조차 하지 않았다. 그렇게 1년이 지났다. 그리고 상급자와 각자의 길을 갔다. 그리고 운명처럼 나와 똑같은 방식을 고수하는 후배를 만났다. 허점이 많은 계획을 나를 거치지 않고 상급자에게 바로 보고했다. '아, 이런 기분이었구나.' 후배가 나에게 주는 불편함이 내가 상급자에게 했던 것과 다르지 않음을 알았다. 그동안 나에 대한 성찰이 부족했다. 그제야 비로소 내 모습을 돌아봤다.

모든 것은 서로 연결되어 있었다. 상급자와의 긴장과 갈등은 내 방식의 문제가 아니었다. 나 자신과의 대화 부족에서 비롯된 것이었다. 매 순간의 소통과 피드백이 얼마나 중요한지 깨달았다. 나 자신을 이해하고 성장하기 위해서는 타인과의 관계 속에서 끊임없이 배우고 교감해야 했다. 뼈아픈 후회가 밀려왔다. 그때 상급자에게 더 잘할 기회를 놓쳤다는 아쉬움이 깊이 남았다. 더 나은 협력과 성과를 만들어낼 수 있었음에도 내 방식에 갇혀 스스로 그 가능성을 가로막았다. 아직도 그 시절의 오해는 풀리지 않았다. 언젠가 그분께 진심 어린 사과를 전하고 싶다. 하지만 나는 안다. 그 경험이 결국 나를 성장시켰음을. 모든 관계가 모든 순간이 나를 단단하게 다듬었다.

나를 바라보는 비판의 눈길을 내려놓자. 자신의 고통과 실수, 결점까지도 따뜻하게 끌어안아야 한다. 우리는 흔히 부족함을 부정한다. 그것은 어둠 속에서 길을 잃고 방황하는 것과 같다. 자기 수용이란 어둠 속에서 조심스럽게 손을 뻗어 진정한 자신을 찾아 나서는 과정이다. 과거의 짐을 내려놓을 때 비로소 시작된다. 그러기 위해서는 부족함을 외면하지 말고 깊이 들여다봐야 한다. 그것을 마주하는 일은 고통스럽지만 필요한 과정이다. 어두운 동굴 속에서 길을 잃은 듯한 두려움이 밀려올 수도 있다. 그러나 그 끝에는 반드시 빛이 있다. 그 빛을 발견하려면 먼저 어둠을 걸어야 한다. 나의 부족함을 온전히 받아들일 때, 그 무게에서 비로소 자유로워진다. 불완전함은 결핍이 아니라 나를 더 깊고 단단한 존재로 만들어주는 요소다.

자기 수용의 첫걸음은 자신을 있는 그대로 바라보는 것이다. 스스로에 대한 비판을 잠시 내려놓고 내면의 속삭임에 귀 기울여야 한다. 그 속삭임은 우리가 외면했던 감정과 진실을 품고 있으며 자기 이해의 중요한 단서가 된다. 감정의 흐름을 주의 깊게 들여다볼 때 비로소 자신의 진정한 모습을 발견할 수 있다. 자기 수용의 과정은 시적이며 신비로운 여정이다. 우리의 모든 감정과 경험을 포용하고 그 안에서 새로운 자아를 발견하는 길이다. 단순한 행위가 아니라 바람이 물결을 따라 흐르듯 내면이 자연스럽게 자신을 이해하고 사랑하는 방식으로 성장하는 과정이다. 자기 수용을 통해 우리는 자신을 깊이 이해하게 된다. 강점과 약점, 기쁨과 슬픔을 모두 껴안으며 그 모든 것이 결국 나 자신임을 깨닫는다.

이를 통해 우리는 자신과의 관계를 더 깊고 진솔하게 만들어갈 수 있다. 그 과정에서 우리의 삶은 풍부하고 의미 있는 변화를 겪는다. 단순히 자신을 받아들이는 데 그치지 않는다. 모든 경험과 감정을 존중하며, 그것들이 우리를 이루는 중요한 부분임을 깊이 인식하는 것이다. 우리는 자신의 모든 모습을 껴안고 그 속에서 진정한 자아를 발견할 수 있다. 이는 마치 깨진 거울 속에서 본래의 모습을 찾아가는 여정과 같다. 그 여정에서 우리는 스스로를 더 깊이 이해하게 된다. 그리고 그 이해를 바탕으로 자신을 사랑하고 존중할 힘을 얻는다. 외부의 평가나 타인의 시선에 흔들리지 않는 내면의 강인함이 자리를 잡게 된다.

**결국, 자기 수용은 비판의 눈길을 내려놓는 데서 시작된다.** 비판을 내려놓고 자신을 사랑하는 그 순간, 우리는 더 나은 사람이 될 길에 올라선다. 이것이 바로 자신의 진정한 모습을 발견하는 과정이다.

# 감정과 경험을 통해
# 나를 이해하기

"자기 자신을 알기 위해서는 마음 깊은 곳의 감정을 들여다보아야 한다."

- 칼 융

"자신과 대화해 본 적이 있는가?"

이 질문은 우스운 이야기처럼 들릴지 모른다. '어떻게 나 자신과 대화를 하라는 것인가?' 대부분은 이런 반응을 보일 것이다. 나 역시 처음엔 그랬다. 하지만 시간이 지나며 깨달았다. 나는 늘 나 자신과 대화를 나누고 있었다.

고등학생 때. 가세가 기울어 모든 것이 무너져 내릴 것 같던 순간 나는 나 자신에게 물었다. '지금 무엇을 해야 할 것인가?' 그 대답은 나를 야간 아르바이트로 이끌었다. 그 후 밤의 차가운 공기를 가르며 고된 노동을 이어가던 어느 날. 나는 또다시 스스로 속삭였다. '조금 더 안정적인 삶은 없을까?' 그 물음은 결국 나를 군이라는 조직으로 이끌었다. 우리는 인생의 대부분 문제에 대한 답을 내면에서 찾을 수 있다. 그러나 우리는 자신과의 대화 방법을 배우지 못했다. 그리고 그것의 중요성을 제대로 인식한 적도 없다. 자신과의 대화는 단순한 사고를 넘어 삶의 방향을 결정하는 나침반이 된다.

우리는 자신과의 대화를 통해 자아를 발견할 수 있다. 이것은 내면의 깊은 바다를 항해하는 것과 같다. 그 바닷속에는 수많은 수중 동굴과 숨겨진 보물들이 숨어 있다. 각기 다른 조류와 격류가 우리를 기다린다. 우리는 그 바다를 탐험하며 자아의 진정한 본질을 찾기 위해 깊이 잠수하고 때로는 격렬한 파도와 맞서 싸운다. 자아 발견은 의도적인 탐색에서 시작된다. 외부의 소음과 압박은 자아를 흐리게 하고 원하는 바를 잃게 만든다. 그런 순간 삶의 의미를 찾기 위해 새로운 길을 찾아 나서라. 그 여정은 고요한 호수의 수면 아래로 잠수하는 것과 같다. 깊은 어둠 속에서 우리는 진정한 자신을 발견하려 애쓰며 그 속에서 정체성을 찾아간다.


그 첫 번째로 명상을 권한다. 나의 감정에 귀 기울이는 가장 깊고 효과적인 방법이다. 마음속 잡음이 가라앉고 자신의 감정과 생각을 온전히 마주할 기회를 얻는다. 명상의 핵심은 규칙성이다. 나는 잠자리에 들기 전 하루를 되돌아보며 명상 시간을 갖는다. 10시에 잠자리에 든다면 그보다 이른 시간으로 정한다. 먼저 휴대폰과 전자기기를 멀리한다. 조용히 눈을 감고 하루를 되돌아보며 가장 기억에 남는 순간과 기분 좋았던 일, 힘들었던 일을 되새긴다. 그 과정에서 미흡했던 점을 반성하고 만약 그 일을 다시 마주한다면 어떻게 더 나은 방향으로 대처할지 생각한다. 답을 찾을 때도 찾지 못할 때도 있지만, 고요한 사유를 품고 잠자리에 들면 뇌는 끊임없이 답을 추구한다. 저녁에 찾지 못한 해답은 아침에 예상치 못한 방식으로 다가올 수 있다. 내면의 소리와 연결될 때 우리는 진정한 자아와 마주한다.

명상이 익숙해지면 내면의 목소리에 더 귀 기울여 보자. '귀 기울인다'는 말에서 이미 감이 올 것이다. 감이 오지 않는다면 자신에게 질문을 던져라. 끊임없이 질문을 쏟아내면 그 질문들이 결국 나를 더 깊이 이해하는 통로가 된다. 그리고 내 목소리에 귀 기울이게 하는 힘이 된다. 그 목소리는 내면 깊은 곳에서 들려오는 소리로 진정한 본질을 이해하고 받아들이는 데 큰 도움을 준다.

때로는 그 목소리가 외부의 기대나 사회적 기준과 어긋날 때도 있다. 그러나 그 어긋남 속에서야말로 우리는 진정한 자아를 발견할 수 있다. 마치 어두운 밤하늘을 수놓은 별들처럼 이 목소리는 길을 잃은 우리에게 방향을 제시한다. 별빛은 어둠 속에서도 꺼지지 않으며 고요한 밤에 희망을 불어넣는다. 내면의 목소리도 이와 같다. 우리가 진정 원하는 것을 마주하도록 이끄는 소중한 내비게이션이 된다.

내면의 목소리에 귀 기울였다면 자신의 감정과 경험을 이해하려는 노력이 필요하다. 하루를 되돌아보면 기쁨으로 가득 찼던 순간도 있고 마음을 아프게 했던 순간도 있다. 때로는 깊은 감동을 주었던 일들도 떠오른다. **좋았던 감정이 나의 것이라면 나빴던 감정도 내 것일 수밖에 없다.** 이 모든 감정은 나의 일부이며 각기 다른 색을 지닌 소중한 경험이다. 우리는 이러한 감정들을 있는 그대로 인정하고 이해하려 끊임없이 노력해야 한다.

자아는 선과 악, 긍정과 부정의 이분법으로 나뉘는 것이 아니다. 오히려 자아는 억눌린 가능성과 실현된 선택 사이에서 끝없이 흔들리며 존재한다. 우리 내면에는 상반된 자아들이 끊임없이 충돌하며 하나의 자아는 다른 자아를 억압한다. 그러나 억눌린 자아는 절대 사라지지 않는다. 예상치 못한 순간 그 억압된 자아는 모습을 드러내고 그때 우리는 다시 자신을 돌아볼 기회를 얻는다. 이 감정들이 만들어내는 다채로운 풍경은 나라는 존재를 풍요롭게 한다. 나의 삶에 깊이를 더한다. 기쁨, 슬픔, 분노, 감동 모든 감정이 어우러져 나의 이야기를 형성한다. 그렇게 나의 감정과 경험은 단순한 사건이 아니다. 나를 더욱 깊이 이해하는 중요한 열쇠가 된다. 자신의 내면을 탐험하며 희망과 두려움, 꿈과 상실을 마주해야 한다. 이 과정은 마치 예술가가 캔버스에 그림을 그리듯 내면에 색과 형태를 입히는 작업이다. 우리가 가진 모든 감정과 경험은 자아를 형성하는 중요한 요소다. 그것들을 이해하고 받아들이는 것이 자아 발견의 핵심이다.


우리는 자주 자신의 약점과 마주하며 그 과정에서 많은 어려움과 고통을 겪는다. 하지만 그 고통 속에서 우리는 더 깊이 이해하고 자신을 발견하게 된다. 마치 거친 바람 속을 항해하는 배처럼 불확실성과 위험 속에서도 우리는 진정한 자아를 찾아간다. 중요한 것은 꾸준히 자신을 탐구하며 그 안에서 발견한 진실을 받아들이는 것이다. 우리는 자신이 어떤 사람인지, 무엇을 원하는지, 어떤 삶을 살아가고 싶은지를 명확히 이해해야 한다.

결국, 자기 자신과의 깊은 대화와 이해를 통해 우리는 진정한 자아를 찾는다. 그 여정의 끝에서 우리는 진정한 자신을 발견하고, 그와 함께 새로운 힘과 가능성을 맞이하게 된다. 이는 단순히 정체성을 찾는 일이 아니다. 그 안에서 자신만의 길을 발견하는 여정이다. 그리고 그 길을 따라가며 우리는 스스로를 더욱 깊이 이해하고, 삶을 풍요롭고 의미 있게 만들어간다.

# 내면의 갈등은
# 나를 이해하는 과정

"내면의 갈등은 우리가 진정으로 원하는 것이 무엇인지를 깨닫게 해준다."

- 조셉 캠벨

내면의 갈등은 깊고 고요한 심연에서 울리는 불협화음처럼 우리 마음속에서 끊임없이 일렁인다. 그것은 우리가 바라는 이상과 현실, 해야만 하는 것과 진정 원하는 것 사이에서 부딪히며 방황하게 만든다. 이 갈등은 길을 잃은 여행자처럼 우리를 혼란에 빠뜨린다. 그러나 바로 그 혼돈 속에서 우리는 자신을 찾아가는 고독한 여정을 시작한다. 방황은 피할 수 없는 과정이다. 하지만 결국 우리를 더 깊이 이해하게 하고 성숙한 자아로 이끄는 중요한 길이 된다.

내면의 갈등을 풀어가는 첫걸음은 우리 안에 들끓는 감정들을 직시하는 것이다. 감정은 무의식에서 솟아오르는 본능적인 신호이며 우리 내면에서 일어나는 갈등을 가장 먼저 드러내는 지표다. 감정을 억누르거나 외면하려

할수록 그 갈등은 더 크고 복잡하게 우리를 휘감는다. 우리는 먼저 그 감정들이 만들어내는 미묘한 울림에 귀 기울여야 한다. 그 감정들은 우리의 영혼 깊숙한 곳에서 울리는 진리의 목소리일 수 있다.

감정을 억누르지 않고 있는 그대로 받아들이는 순간 우리는 비로소 진정한 해방을 경험할 수 있다. 갈등은 사라지지 않더라도 그 갈등을 마주하는 용기를 통해 우리는 성장하고 변화할 준비를 마친다. 감정을 무시하거나 밀어내는 것이 아니라 그 안에 담긴 이야기를 들여다보고 자신을 이해하는 것이 내면의 고요를 찾아가는 열쇠다. 우리의 마음속 가장 어두운 골짜기에서 들리는 그 작은 속삭임을 들을 수 있을 때 비로소 우리는 내면의 진정한 평화와 조화를 향해 나아갈 수 있다.

나들이를 떠날 준비가 시작되는 아침. 우리 집은 마치 작은 전쟁터처럼 분주해진다. 차가운 아침 공기 속에서 나는 빠르게 샤워를 마치고 옷을 입는 데 10분이면 충분하다. 그러나 아내의 준비는 언제나 길다. 메이크업과 옷차림을 고르는 과정은 몇 번의 선택을 거치며 점점 길어진다. 그런 모습을 바라보며 마음속에서 알 수 없는 짜증이 피어오른다. '조금만 더 일찍 일어나면 좋으련만.' 속으로 중얼거린다. 하지만 그녀는 매번 아침에 늦게 일어나고 그로 인해 출발 시각은 계획보다 늦어진다. 집을 나설 때면 내 마음은 불만과 초조함으로 가득 차고 그 불만은 퉁명스러운 말투로 아내에게 쏟아져 나온다. "왜 이렇게 시간이 걸려?" 내뱉지 말아야 할 말을 했다. 결국, 가족 모두의 기분을 가라앉히고 나들이의 설렘은 금세 사라져 버린다.

아내는 내 불만에 상처받고 아이들은 그런 엄마의 기분에 따라 흥미를 잃는다. 나들이를 떠나는 그 시간이 오히려 스트레스의 원천이 되어버린다.

　이런 상황이 반복되자 나는 생각을 바꾸기로 했다. 마음속의 갈등을 외면하지 않고 조금 더 깊이 들어가 보기로 했다. 나들이를 가기 전 스스로 질문을 던진다. '지금 내 감정은 무엇인가?' 계획된 시간보다 늦어진 것에서 비롯된 초조함과 짜증이다. 그리고 그다음 질문을 던진다. '우리가 왜 나들이를 가는가?' 그 대답은 단순하고 명료하다. 가족과 함께 소중한 추억을 쌓고 즐겁게 지내기 위해서이다. "그렇다면 나는 왜 가족들과 소중한 시간을 앞두고 그토록 서두르며 짜증을 내는가?" 이 질문은 마치 거울을 들여다보는 듯한 경험이었다. 나의 초조함과 불만이 결국 나와 가족의 소중한 순간들을 흐리게 만들고 있었다. 나들이의 진정한 목적은 함께하는 순간의 즐거움이지 출발 시각을 맞추는 것이 아님을 깨달았다. 그 깨달음은 마치 마음속의 바람이 멈추고 고요한 호수가 되는 순간처럼 나에게 평온을 안겨주었다. 이제 나는 시계를 들여다보며 서두르지 않는다. 오히려 준비하는 과정에서 가족의 웃음소리에 귀 기울이고 서로의 모습을 바라보며 나들이에 대한 기대감을 나누는 것이 더 중요하다는 것을 느낀다. 감정의 소리에 귀 기울이기 시작하면서 마음속의 불만은 차츰 사라지고 대신 따뜻한 연결감이 흐른다. 이제는 가족과 함께하는 시간을 진정으로 만끽할 준비가 되었다. 나들이를 떠나는 이 순간, 나는 내 마음의 파도를 잠재우고 서로에게 다가가는 시간을 만들어간다. 가족과 소중한 시간을 위해 내 마음을 다잡고 어떤 불만도 내려놓기로 한다. 결국, 우리가 맞이하는 이 시간이야말로 삶의 진정한 선물이 아닌가? 가족과 하는 모든 순간은 그 자체로 빛나며 그 안에서 우리는 서로를 깊이 이해하고 더욱 단단한 관계로 나아갈 수 있다.

**자신에게 진심으로 질문하고 내면의 소리를 듣는 동안 우리는 점점 더 명확하게 자신의 본질을 이해할 수 있다.** 이 과정에서 우리는 자신을 돌아보며 그동안 간과했던 욕망과 두려움을 마주한다. 아마도 그 욕망은 우리가 소중히 여겼던 것들이고 두려움은 우리가 피하고 싶었던 것들일 것이다. 하지만 그 모든 것이 나의 일부임을 깨닫는다면 우리는 비로소 내면의 갈등을 조화롭게 만들어가는 힘을 얻을 수 있다. 그리고 나 자신에게 더 관대해질 기회를 얻는다. 인간이기 때문에 실수할 수 있고 불완전할 수 있다는 사실을 받아들이는 것은 갈등을 덜어내는 첫걸음이 될 것이다. 감정의 파도를 잠재우고 내면의 숲을 탐험하는 이 여정은 결국 나를 더 괜찮은 존재로 만들어준다.

한발 더 나아가 내면의 갈등을 해결할 능력을 키우고 싶다면 일기를 써보자. 잠자리에 들기 전 하루를 돌아보며 그날 있었던 일들과 갈등에 대한 생각을 적어보는 것이다. 단순히 기록하는 것에 그치지 말자. "문제는 무엇일까?", "어떻게 해결할 수 있을까?"라는 질문을 던져보자. 완벽한 해결책이 아니어도 괜찮다. 중요한 것은 고민하고 기록했다는 사실이다. 그렇게 잠자리에 들면 뇌는 쉬지 않고 갈등을 해결하려 애쓴다. 꿈속에서도 무의식 속에서도 퍼즐의 조각들을 맞추려 한다. 이런 과정을 반복하다 보면 갈등 해결 능력은 자연스럽게 향상된다. 어느새 일상적인 내면의 갈등은 마치 가벼운 콧방귀처럼 쉽게 넘길 수 있는 날이 오게 된다. 갈등 해결의 과정은 자신을 깊이 이해하고 내면의 퍼즐을 맞추는 작업이다. 감정의 소리에 귀 기울이고 구체적인 행동을 통해 해결의 실마리를 찾아가는 과정에서 더 나은 자신을 발견할 수 있다.

# 갈등을 차분히 해결하는
# 세 가지 방법

"갈등을 해결하려면 먼저 마음을 진정시키고,

감정에 휘둘리지 않도록 해야 한다."

- 아리스토텔레스

"당신은 쉽게 화를 내는 사람인가?"

'목소리 큰 사람이 이긴다.'라는 속담이 있다. 그 유래는 알 수 없지만 우리는 그 의미를 직감적으로 이해한다. 식사하던 중 머리카락 하나가 흩어져 눈에 띄었을 때 사람들의 반응은 둘로 나뉜다. 웃어넘기는 사람과 불편함을 참지 못하고 식당 주인을 불러 민망하게 질책하는 사람이다. 어느 쪽이 옳은지 말할 수 있을까? 그 분노의 한 마디는 종종 밥값을 면하게 할 뿐아니라 뜻밖의 보상도 얻을 수 있게 한다. 이 세상은 정말로 목소리가 큰자에게 은근한 보상을 주는 걸까? 아니면 그 소리 너머에 숨겨진 무언가를 알아차리기를 바라는 걸까? 일상 속에서 특히 직장에서 우리는 자주 마찰의 순간을 맞닥뜨린다. 그럴 때 당신은 그 마찰을 부드럽게 넘기는 사람인가? 아니면 충동에 휘말려 목소리를 높이고 분노를 터뜨리는 사람인가? 만약 후자라면 감정을 다스리는 연습이 필요한 순간이다.

　과거 함께 일했던 K가 떠오른다. K는 내 지시에 따라야 하는 실무자였고 나보다 열 살 어린 생기 넘치는 친구였다. K는 아침잠이 많았다. 첫 사회생활에 적응하는 과정이라 그런지 출근 시간에 맞춰 일어나는 것이 익숙하지 않았다. 매일 아침 시간에 쫓기듯 사무실 문을 여는 K를 보며 나는 '조금만 일찍 자라.', '모닝콜을 여러 개 맞춰 놓아라.'라며 조언을 건넸다. 어느 날 출근 시간이 한참 지난 후에도 K의 모습은 보이지 않았다. '또 늦잠을 잤나?' 전화를 걸었으나 신호음이 울리고 안내 메시지가 나오기까지 K는 받지 않았다. 나는 여러 번 전화를 걸며 '이번엔 정신 차리도록 혼을 내야겠다.'라고 마음먹었다. 한 시간쯤 지나서야 K가 사무실로 뛰어 들어왔다. 숨이 차고 땀방울이 맺힌 얼굴로 울먹이며 고개를 숙였다. 그는 자신의 잘못을 크게 느끼며 자책하고 있었다. 그 모습을 보며 나는 화를 내는 것이 무슨 의미가 있을까 싶었다. "당신은 당신 업무에 전문가이며 책임감도 있어요. 일부러 늦으려 한 건 아니라고 믿어요. 하루를 잘 준비하는 의미에서 출근 10분 전 티타임을 가지는 건 어떨까요?" 내 제안에 K는 고개를 끄덕였다. 그날 이후 K는 한 번도 아슬아슬하게 출근한 적이 없었다. 오히려 30분 일찍 도착해 업무를 정리하고 나와 티타임을 함께하는 시간이 그의 하루의 시작이 되었다. 만약 그때 내가 화를 냈다면 K는 주저앉거나 반발

심만 키우지 않았을까?

    화를 내지 않는 연습은 거창하지 않다. 단 세 가지만 기억하면 된다. 나는 이것을 **'불소3'**이라 부른다. **'불평하지 않기'**, **'소리 높이지 않기'**, 그리고 **'제3자의 시선으로 나를 바라보기'**다. 갈등이 생길 때마다 이 세 가지를 기억하며 연습한다. 불평 대신 침묵을, 큰소리 대신 낮은 목소리를, 감정 대신 관찰자의 눈으로 자신을 바라보는 것이다.

    때로는 감정이 폭발해 이 세 가지를 놓칠 수 있다. 괜찮다. 사람이라면 그런 순간도 있다. 그럴 때는 이성을 되찾고 자신과 다시 대화해 보면 된다. '불소3'을 다시 되짚어 보자. 그렇게 차곡차곡 연습을 쌓다 보면 복잡한 문제 앞에서도 차분하게 해결책을 찾아가는 자신을 발견하게 될 것이다.

    이는 단순히 화를 다스리는 연습이 아니다. 오히려 마음의 평화를 찾아가는 길이다. 화를 내는 순간은 내가 가진 지식과 인내의 끝자락이다. 그때 휘말리면 판단의 고삐가 느슨해져 더 큰 실수를 부를 뿐이다. 어쩌면 우리 마음은 '화'라는 바람에 휘청이는 돛처럼 조절하지 않으면 흔들릴 수밖에 없다. 하지만 감정을 다스릴 수 있을 때 우리는 깊은 고요 속에서 흔들림 없이 서 있을 수 있다.

**나는 어떤 상황에서도 분노보다는 더 나은 선택이 존재한다고 믿는다.** 갈등 속에서도 이성은 빛을 발하고 그 안에서 진정으로 필요한 답이 모습을 드러낸다. 우리의 마음이 흔들릴 때 잠시 멈추어 서면 그 너머에서 지혜가 스며든다.

# 행복한 선택은
# 내 마음에 달린 것

"행복은 마음의 선택이다.

당신이 어떤 마음을 가질지 선택하는 순간, 행복이 시작된다."

- 헬렌 켈러

감정은 우리 인생이라는 드라마의 주인공이다. 그 선택에 따라 이야기는 예기치 않은 방향으로 흘러가며 삶의 흐름 또한 새로운 전환을 맞는다. 감정은 순간의 느낌을 넘어, 우리 존재와 여정을 이끄는 보이지 않는 지휘자이자, 삶을 직조하는 보이지 않는 손이다. 우리가 살아가는 이야기는 단순한 사건들의 나열이 아니다. 사건을 해석하는 우리의 감정들. 그 얽히고설킨 감정의 변주가 인생의 서사를 써 내려간다. 지금 당신의 마음에 자리 잡은 감정은 무엇인가?

'좋은 일'과 '나쁜 일'을 어떻게 구분할 수 있는가? 과연 무엇이 좋은 것이며 무엇이 나쁜 것인가에 대해 우리는 명확히 이야기할 수 있을까? 나는 그 기준이 결국 자기 자신에게서 비롯된다고 생각한다. 우리가 마주하는 일의 좋고 나쁨을 판단하는 것은 다름 아닌 우리의 시선이다. 누군가 마시다 남은 물병을 발견했다고 해보자. 어떤 이는 '물이 반밖에 없다.'라고 말할 것이고 또 다른 이는 '물이 반이나 남아 있다.'라고 말할 것이다. 물병 속물의 양은 같지만 그것을 바라보는 사람의 시선에 따라 의미는 달라진다. 이것이 바로 긍정의 마인드다. 세상을 희망적인 시선으로 바라보면 우리가 마주한 상황들은 더 나은 방향으로 이끌어갈 힘을 가진다.

이십 대 초반. 마라톤에 빠졌다. 좋아서 빠졌다기보다는 주변의 흐름에 휩쓸려 자연스레 시작된 일이었다. 동료들이 하나둘 마라톤을 시작했고 상급자들마저 마라톤을 즐기자 나도 그 길을 걷게 되었다. 어차피 뛰어야 한다면 빠르게 뛰고 끝내자는 마음으로 온 힘을 다해 뛰었다. 그렇게 시작한마라톤인데 나도 모르게 그 세계에 깊이 빠져들고 있었다.

마라톤은 정직했다. 몇 날 며칠을 강하게 훈련한다고 당장 실력이 늘지 않는다. 매일 한 걸음 한 걸음씩 꾸준히 나아가는 것이 실력을 천천히 다듬어주었다. 그것은 온전히 나 자신과 싸움이었다. 완주 후 느끼는 희열과 스스로에 대한 만족감은 나를 다시 출발선으로 이끌었다. 그러다 보니 장비에 눈길이 가기 시작했다. 비싸고 좋은 마라톤화를 신어야 기록이 좋아질것 같다는 생각이 들었다. 더 가볍고 화려한 마라톤화가 유혹했다. 하지만현실은 늘 내 주머니 사정을 일깨웠고 결국 부담 없는 마라톤화를 신고 지역에서 열리는 마라톤 대회에 나섰다. 평소보다 컨디션이 좋지 않았고 기록이 잘 나오지 않았다. '신발을 샀어야 했어!' 결승선을 향해 뛰면서 머릿속을 떠나지 않은 생각이다.

그때였다. 뒤에서 들려오는 거친 숨소리, 점점 가까워지는 발걸음. 나이 들어 보이는 아저씨가 내 옆을 지나쳐 결승점을 향해 달려가고 있었다. 순간 그의 다리에 시선이 갔다. 그는 한여름의 뜨거운 아스팔트 위를 신발 없이 맨발로 달리고 있었다. 나보다 불리한 조건에서 단단하게 자신의 길을 가는 그의 모습에 나는 멈출 수밖에 없었다.

나는 젊음을 가졌고 발을 지켜줄 신발도 있었다. 하지만 마음은 그 사람보다 훨씬 나약했다. 그제야 깨달았다. 중요한 것은 조건이 아니라 자신의 각오와 의지라는 사실을. '이가 없으면 잇몸으로'라는 말이 떠올랐다. 긍정이란 내게 주어진 한계를 받아들이고 그것을 넘어설 방법을 찾아가는 의지인지도 모른다.

우리는 다른 이의 마음을 어루만지거나 그 흐름을 좌지우지할 수 없다. 그러나 내 마음은 다르다. 내 마음의 주인은 '나'다. 때로는 스스로를 다독여 기분 좋은 날을 만들어낼 수도 있고 불평이 나오는 상황에서도 고요히 긍정을 택할 수 있다. 행복한 인생을 살 것인지 불행 속에 머물 것인지는 결국 매 순간을 마주하는 내 마음가짐에 달려 있다. 긍정은 어느 날 문득 찾아오는 선물이 아니다. 그것은 내가 가꾸어야 할 내면의 정원과 같다. 삶이라는 무대에 오를 때마다 나는 연습을 통해 긍정의 색을 덧칠해 나간다.

기억하자. 긍정적인 삶은 내가 만들어가는 것이다.

# 두려움과
# 마주하는 용기

"용기란 두려움을 느끼면서도 그 일을 계속하는 것이다."

- 마크 트웨인

"두려움 앞에서 어떻게 행동하는가?"

살다 보면 문득 두려움이 우리를 서서히 감싸안을 때가 있다. 어린 시절 교실 앞에 나설 때를 생각해 보자. 선생님과 친구들의 시선이 날카롭게 다가오지 않았던가? 사회에 나와서는 큰 실수를 저지르고 상사의 눈을 마주할 때의 떨림이 두려움으로 다가온다. 예기치 못한 사고로 몸을 다쳤을 때도 두려움은 가슴 깊숙이 스며든다. 두려움은 멀리 있는 존재가 아니다. 그것은 언제든지 우리 곁에 숨어 있다가 틈을 노려 우리의 마음을 두드린다. 이 그림자 같은 두려움 앞에서 우리는 어떻게 자신을 세우고 있을까?

두려움은 생각의 날개를 묶고 판단의 길을 흐리게 만든다. 그래서 우리는 두려움 앞에서 어떤 자세를 취해야 하는지 알아야 한다. 지나친 두려움은 마음과 몸을 무너뜨려 한 사람의 인생까지 송두리째 흔들 수 있다. 두려움을 마주하는 법을 배우는 것은 곧 자신을 잃지 않고 온전히 서기 위한 첫걸음이다.

20대 초반. 나는 자만했다. 젊다는 이유로 내 몸은 언제든 회복될 수 있을 것이라 믿었다. 부상 따윈 생각조차 하지 않았다. 그래서 몸을 막 썼다. 최강의 팀을 선발하는 대회가 있었다. 체력, 사격, 전술적 식견이 모두 뛰어난 이들을 선발하는 자리였다. 선발되면 승진이나 진출에 문제가 없다는 말이 돌았다. 그렇기에 욕심 있는 사람이라면 누구나 그 대회를 목표로 삼았다. 대회는 개인전이 아닌 팀전이었기에 팀원들에게 누가 되지 않기 위해 더 최선을 다할 수밖에 없었다. 체력 평가는 내 한계를 시험하는 일이었다. 매일 무리하게 훈련하며 더 많은 개수를 목표로 했다. 손에 송진 가루를 묻히며 턱걸이를 잡았다. 한계까지 도전하며 굳은살이 벗겨지는 고통도 감수했다. 평행봉 대 위에서 팔이 떨려왔지만 '한 개만 더!'라는 팀원들의 목소리에 의지를 불태우며 계속 밀어붙였다. 반복되는 훈련 속에서 어깨에 뻐근함이 찾아왔고 그 불안감은 점차 나를 괴롭혔다.

외줄 오르기를 준비하던 중 어깨에서 날카로운 통증이 밀려왔다. '이 정도는 쉬면 나을 거야.'라고 생각하고 하루 정도 쉬었다. 그러나 통증은 쉽게 사라지지 않았다. 다시 훈련을 시작했을 때 어깨는 빠지기 시작했다. 얼음 마사지와 스트레칭을 시도했지만 별다른 효과가 없었다. 하지만 '며칠 더 쉬면 괜찮아지겠지!'라고 생각했다. 그리고 대회가 시작되었다. 평행봉을 시작하는데 어깨에서 부서지는 듯한 소리가 들렸다. 무언가 잘못됐다. 동료의 도움을 받아 병원에 갔다. X-ray와 MRI 촬영을 했고 우측 어깨 연골파열 진단을 받았다. 의사는 즉시 수술을 권했다. 내게 감당하기 어려운 충격이었다. 앞으로는 무리한 운동을 할 수 없다고도 했다. 세상이 무너지는 소리가 들렸다. 그토록 믿었던 건강한 몸. 그것이 내 존재의 전부라 생각했는데 무너진 것이다. 조직에서 도태될 것이라는 두려움이 나를 억눌렀다.

그날 진료를 마친 후 숙소로 돌아가는 길. 하늘은 유난히 어두워 보였고 비가 곧 내릴 것만 같았다. 나는 아무 말 없이 걷고 있었다. 하늘은 내 마음처럼 침묵하고 있었다. 이제 나는 조직에 아무 도움이 되지 않는 존재가 되어버린 것 같았다. 누구와도 대화하고 싶지 않았다. 모든 것이 무의미하게 느껴졌다. 집에 누워 있었지만 잠은 오지 않았다. 머릿속은 걱정으로 가득했다. '운동을 시작하기 전에 스트레칭을 좀 더 해야 했을까?', '아프면 무리하지 말걸.' 여러 생각이 떠올랐다. 돌이킬 수 없는 과거를 되돌아보며 나를 원망했다. 생각이 반복되자 깨닫게 되었다. 이미 부상은 일어난 일이고 수술을 해야 한다는 사실은 변함없었다. 과거를 회상한다고 해서 상황이 달라지지 않음을 알게 되었다. 이제는 다른 길을 찾아야 했다. 어깨 수술 후 회복한 사례들을 찾아보기 시작했다. 그때 한 가지 사례가 보였다. 한 야구선수가 어깨 수술을 받고 재활을 통해 성공적으로 복귀했다는 이야기였다. 그 순간 내 안에 희망의 불씨가 조금씩 피어오르는 것을 느꼈다.

나를 괴롭히는 두려움. 나는 그 두려움을 피하지 않기로 했다. 두려움을 이기기 위한 첫걸음은 바로 그것과 정면으로 마주하는 것이다. 내 상황을 제3자의 시각으로 바라봤다. 그토록 커 보였던 두려움이 사실은 그리 크지 않다는 느낌이 들었다. 최상의 결과와 최악의 결과를 차분히 생각해보았다. 그리고 어떤 결과가 나와도 받아들이기로 했다. 만약 최악의 결과가 현실이 된다 해도 이미 그 상황에 대한 마음의 준비는 끝난 셈이다. 나는 두려움이 더 이상 나를 지배하지 않는다는 걸 깨달았다. 두려움은 결국 우리가 그것을 어떻게 바라보느냐에 달려 있다는 사실을 비로소 이해한 것이다. 최악의 상황을 떠올리며 그것을 받아들일 준비를 마친 순간 내 앞에 있던 두려움은 서서히 작아져서 별거 아닌 것처럼 느껴졌다. 두려움은 마치 그림자처럼 우리를 따라오지만, 그 그림자를 마주하고 한 걸음 내디딜 때 실체는 점점 흐려진다.

두려움이 찾아오면 주문을 외운다. "걱정하지 마! 뭐 별거 있겠어? 별거 아니야."

그 간단한 말 한마디가 내 마음에 작은 불꽃을 피운다. 그 불꽃은 두려움을 태워버리고 남은 것은 온전히 나만의 평온한 마음이다.

# 고졸 출발선에서
# 시작한 성장 이야기

"어떤 출발점에서 시작하든, 중요한 것은 끝까지 나아가는 것이다."

- 윈스턴 처칠

나는 고졸이었다.

자기 성장의 흔적은 마치 강물을 따라 흐르는 물결처럼 우리의 삶 속에 조용히 스며든다. 겉으로는 시간이 지나면서 사라지는 듯 보인다. 그러나 그 흔적들은 우리의 내면 깊숙이 새겨져 지나온 모든 경험의 발자취를 담고 있다. 물결은 그저 흘러가는 것처럼 보이지만 그 안에는 우리가 흘려보낸 시간, 쌓아온 노력, 견뎌낸 고통과 마주한 기쁨이 고스란히 녹아 있다. 그 물결 속에서 자기 성장의 흔적을 되짚어 보며 그것들이 어떻게 우리의 현재와 미래를 형성하는지 이야기하고자 한다.

사회에 첫발을 내디뎠을 때 이력서에 적을 수 있는 단 하나는 '고졸'이라는 학력뿐이었다. 지금은 학력이 모든 것을 말해주지 않는 시대다. 그러나 내가 처음 사회에 나왔던 시절 학력은 중요한 자산이었다. 나는 그저 평범한 사람이었고 어쩌면 더 보잘것없는 스펙을 가진 존재였다. 주변 사람들은 나를 대수롭지 않게 여겼고 그렇게 나는 자연스럽게 군에 이끌렸다. 그 선택은 그저 우연이라 여겼지만 돌아보면 그 우연은 필연이었다.

군이라는 조직은 단순한 훈련의 장소가 아니었다. 그 안에는 나를 다듬고 성장하게 하는 기회들이 숨어 있었다. 그때 나는 많은 것을 배웠다. 규칙적인 생활에서부터 시작해 점차 더 큰 도전과 기회를 마주하며 나 자신을 발견했다. 군에서의 경험은 나를 단단하게 만들어주었고 그 바탕 위에서 나는 꿈을 향해 도전할 수 있었다. 군의 지원과 제도 아래 석사학위를 취득하고 기록물 관리 전문요원이 되었다. 책을 쓰고 작가가 되는 여정을 시작했다. 또한 국방을 홍보하는 라디오에 '화제의 인물'로 선정되어 생방송 인터뷰를 진행하기도 했다.

이 변화가 작은 성취일 수도 있다. 특별히 눈에 띄는 사회적 성공이 아니라고 생각할 수도 있다. 그러나 나에게 이것은 말로 다 표현할 수 없는 큰 의미였다. '고졸'이라는 낮아 보일 수 있는 스펙을 가진 군인으로 시작해 지금까지 걸어온 이 여정은 경이로웠다. 그 길 위에서 나는 자신을 발견하고 나만의 성장을 이루었다. 비록 작은 성취일지라도 그것은 나를 나답게 만들어준 가장 소중한 열매였다.

진정한 성장은 외적인 성과나 눈에 보이는 변화에서만 발견되지 않는다. 그것은 내면에서 우리가 마주한 도전과 시련 속에서 서서히 형성된다. 겉으로는 드러나지 않지만, 내면의 변화는 우리의 사고방식과 가치관을 만들어가는 중요한 요소다. 고난과 실패는 우리가 자기 성찰에 이르게 하고 그 속에서 우리는 자신의 약점과 두려움을 마주하며 성장한다.

내가 책을 쓰기로 결심한 순간을 떠올린다. 그 길은 막막하고 혼란스러웠다. 무엇부터 시작해야 할지, 어떤 방향으로 나아가야 할지 전혀 감이 잡히지 않았다. 그때 불안과 의심은 끊임없이 밀려왔다. 그 무게에 눌려 주저앉고 싶었다. 하지만 나는 그 불안을 피하지 않았다. 오히려 그것을 받아들이고 어떻게든 방법을 찾기로 했다. 책을 쓰다가 실패할 수도 있겠다고 생각했다. 하지만 그 실패조차도 새로운 성장을 위한 밑거름이 될 것이라는 믿음이 있었다. 생각의 변화는 나의 태도와 행동에 깊은 영향을 미쳤고 결국 나는 그 과정을 통해 더 강한 나로 거듭날 수 있었다. 성장은 단지 결과가 아니라 과정에서 이루어지는 것이다.

성장은 끝없는 발견의 여정이다. 그 과정에서 우리는 매 순간 새롭게 자신을 알아간다. 한때 두려운 것이 이제는 두렵지 않게 되고 불가능해 보였던 목표가 점차 현실로 다가온다. 성장은 멈추지 않는다. 끊임없이 변하며 과거는 단순한 기록을 넘어서 현재를 설명하는 중요한 조각이 된다. 그것은 우리가 미래로 나아가기 위한 지혜와 힘을 제공한다.

성장은 단순한 기록이 아니다. 그것은 우리의 존재를 구성하는 중요한 부분이며 우리가 살아온 길과 앞으로 걸어갈 길에 대한 증거다. 자기 성찰을 통해 우리는 자신을 더 깊이 이해하고 새로운 가능성을 발견한다. 자기 성장의 여정은 끊임없이 변화하는 과정에서 더 나은 존재로 이끈다. 그 여정은 끝이 없기에 우리는 계속해서 새로운 자신을 만들어간다.

# 걸어온 길 위에 답이 있다

- 우리가 지나온 길에는 성공과 실패, 기쁨과 아픔이 모두 담겨있고 그것들은 우리를 더 나은 사람으로 성장하게 만듭니다. '삶의 흔적에서 배운 것들'은 단순히 과거의 기억으로 남는 것이 아니라, 우리가 누구인지를 정의하고, 어떻게 살아갈지를 알려주는 중요한 요소입니다.

- 지금까지 걸어온 길에서 가장 큰 배움은 무엇이었나요?

# 멈춤의 미학,
# 지금의 나를
# 돌아보다

## 3장

The key to the future

# 안정과 불안정은
# 서로를 필요로 한다

"불안정은 삶을 움직이게 하고, 안정은 그 방향을 잡아준다."

- 아르투어 쇼펜하우어

"당신의 삶은 만족스러운가?"

이 질문은 내 마음속에서 끊임없이 맴돈다. 20대와 30대의 에너지를 쏟아부으며 질주한 끝에 이제는 어느 정도 인정받고 안정된 위치에 올라섰다. 그러나 그 속에 숨겨진 부담감과 불안은 아무도 모른다. 커진 책임감만큼 내면의 불안도 비례해 커졌다.

지금의 평온함을 과연 계속 유지할 수 있을까? 직장에서 계속 인정받으며 만족스러운 삶을 이어갈 수 있을까? 아랫사람들의 기대에 부응하면서도 윗사람들의 높은 기준을 충족시킬 수 있을까? 가정에서는 아이들과의 시간을 충분히 보내며 좋은 아빠로 남을 수 있을까? 어쩌면 이 모든 것을 완벽하게 충족시킬 수 없다는 답을 이미 내 안 깊은 곳에서 알고 있는 건 아닐까? 그 답을 받아들이지 못한 채 무의식적으로 하나씩 내려놓고 있는 건 아닐까?

이 고민은 바람에 흔들리는 나무처럼 내 마음 깊숙이 자리 잡고 있다. 완벽한 균형을 맞추려는 나의 노력은 어쩌면 허상일지 모른다는 불안이 스며들지만 그럼에도 나는 매일 그 균형을 찾아가는 불안한 다리 위에 서 있다.

많은 이들이 현재를 즐기라고 조언한다. 그러나 나는 그 말을 온전히 따르지 못했다. 내 안에는 더 나아져야 한다는 엄격한 기준과 미래에 대한 과도한 기대가 자리 잡고 있었다. 그로 인해 만족보다는 불안이 자주 찾아왔다. 내가 기대한 만큼의 결실이 없다면 불행에 빠질 것 같다는 두려움이 마음을 짓눌렀다. 어쩌면 나는 제한된 시간과 에너지를 불안과 걱정 속에서 낭비하고 있었던 것은 아닐까. 그렇게 나는 오늘을 살아가면서도 내일의 그림자에 갇혀 있었다. 그런데 문득 이런 생각이 스쳐 지나갔다. 안정과 불안정은 정말 다른 것일까? 어쩌면 불안정이 있기에 안정이 더욱 선명하게 느껴지는 것은 아닐까. 우리는 흔히 안정을 좋고 불안정을 나쁘다고 여긴다. 하지만 그 두 가지가 서로 맞물려 균형을 이루며 우리의 삶을 형성하고 있다.

# 안정은 불안정 속에서 빛나며, 이 두 가지는 균형을 이룬다

안정 속에서는 안도의 숨을 내쉴 수 있지만, 불안정 속에서는 성장의 불씨가 타오른다. 고요함 속에서만 살고 싶지만, 그 고요함은 오히려 불안정 속에서 더 빛난다. 안정과 불안정은 대립하는 것이 아니라 우리 삶을 구성하는 두 축처럼 서로를 필요로 한다. 그 진동 속에서 우리는 진정한 삶의 의미를 발견한다. 안정은 불안정을 향한 출발점일 뿐이다.

조직의 일상에 익숙해지면 업무는 거의 무의식적으로 처리된다. 매일 반복되는 일상은 무기력함과 불안함을 서서히 안겨준다. 이 불안은 무의식적으로 익숙한 세계와의 경계를 허물려는 본능적인 시도다.

사실 우리가 나쁘다고 여기는 불안은 때때로 나를 깨우고 새로운 가능성의 문 앞에 서게 만든다. 불안은 나를 흔들어 각성시키며 끊임없이 변화의 흐름 속으로 이끈다. 반면 안정은 서서히 내 의식을 잠식한다. 일상의 안락함 속에서 나는 희미해지고 감각은 무뎌진다. 그러나 아이러니하게도 의식이 수면 아래로 가라앉을수록 나는 더 선명하게 떠오른다. 안정감 속에서 나는 오히려 나를 잃고 불안 속에서 비로소 나를 되찾는다. 이 과정에서 나는 본질적인 나를 더 깊이 이해하게 된다.

불안정한 길을 걷는 것이 나를 더 강하게 만든다. 안정된 곳을 떠나는 것이야말로 진정한 성장의 시작이다. 안정은 고요한 바다와 같아 평화롭지만, 그 깊은 곳에는 위험이 도사리고 있다. 그러나 그 바다를 떠나 거친 파도를 맞서며 항해하는 순간 나는 비로소 강해진다. 불안정한 길 위에서 나는 자신을 시험하고 새로운 가능성을 발견한다. 이 모든 것이 성장의 과정이며 안정의 그늘 속에 숨겨진 진정한 의미를 찾는 여정이다.

# 행복은
# 쌓아온 경험의 총합이다

"우리는 경험을 통해 배우고, 그 경험들이 쌓여 결국 우리의 행복을 만든다."

- 칼 융

"행복이란 무엇인가?"

이 질문은 인간의 존재가 시작된 이래로 끊임없이 던져져 온 물음이다. 행복은 마치 달빛 속에 떠오르는 수수께끼 같은 존재로 그 의미를 파악하려는 우리의 노력은 끝이 없다. 행복의 정의를 찾기 위해 우리는 깊은 심연 속에서 빛나는 진주를 찾아 헤매는 듯하다. 그러나 그 진주는 가끔 우리의 손끝에서 미끄러지듯 사라지기도 한다. 그렇다면 행복이란 과연 어떤 의미를 지닌 것일까?

우리는 자신에게 물어야 한다. '행복한 것'과 '불행하지 않은 것'을 과연 구별할 수 있을까? 이 두 표현은 마치 비슷하면서도 전혀 다른 길을 걷는 단어들처럼 느껴진다. 중요한 사실은 우리의 마음이 이 둘 사이의 미묘한 차이를 쉽게 분별하지 못한다는 것이다. 배고픈 자에게 빵 한 조각은 포만감과 더불어 깊은 행복을 안겨준다. 그러나 이미 배가 부른 자에게 그 빵한 조각은 과연 의미가 있을까? 부족한 이에게는 행복으로 다가오는 것이 이미 충만한 이에게는 단지 무의미한 사소함, 불행하지 않은 것에 불과할지도 모른다. 이처럼 진정한 행복은 결핍 속에서 꽃피지만 충만한 삶 속에서는 그 의미가 흐릿해진다.

'딱, 딱, 딱.' 한밤중 천장에서 이런 소리가 들린다면 어떨까? 아마 열 명중 아홉은 불쾌한 스트레스를 느끼고 그 원인을 찾아 책임을 묻고 싶어 할것이다. 검색 포털에 '층간소음'을 입력하면 갈등과 사건들이 넘쳐나는 것을 쉽게 확인할 수 있다. 그러나 모든 이에게 그 소음이 스트레스의 원인이되는 것은 아니다.

나는 행복이 우리가 살아온 삶의 특정 시기와 행동에 깊이 연관되어 있다고 믿는다. 놀랍게도 앞서 말한 '딱, 딱, 딱.' 소리는 나의 아내에게 행복의기억이다. 그녀가 어릴 적 살던 시골집에는 밤나무가 있었다. 밤이 익어갈즈음 나무에서 떨어지는 밤이 지붕 위에 부드럽게 떨어지며 '딱, 딱.' 소리를냈다. 그 소리를 들으며 아침을 맞이할 때면 그녀의 입가에는 미소가 따라왔고 밤을 주우러 나가는 일은 즐거운 일이었다. 그 소리와 기억은 그녀에게 깊은 행복을 주었고 이는 우리가 각자의 소리와 기억에 담긴 감정을 어떻게 받아들이느냐에 따라 인생의 의미가 달라질 수 있음을 상기시킨다. 그녀의 꿈은 노년에 마당이 있는 집에 밤나무를 심는 것이다. 이 꿈은 단순한 집짓기의 꿈이 아니라 그 소리와 추억의 향수를 간직한 그녀의 마음속 깊은 곳에서 우러나온 것이다. 삶의 소리는 우리가 어떤 감정으로 받아들이느냐에 따라 행복의 크기와 의미가 달라질 수 있음을 보여주는 예다.

**행복은 단순한 감정이 아니라 경험의 집합체이다.** 그것은 우리가 살아온 시간 속에서 쌓아온 경험들이 만들어내는 소중한 감정이다. 나에게도 그러한 경험들이 있다. 예를 들면 아버지와 함께 목욕탕에 갔다가 사우나를 마치고 나와서 마셨던 바나나우유의 달콤함. 기차를 타고 여행을 떠날 때 창밖을 바라보며 먹었던 삶은 달걀의 고소한 맛. 그리고 정말 추운 날 따뜻한 방에서 함께 앉아 까먹던 귤의 상큼함 등이 있다. 이것은 단순히 음식을 떠나 그 속에 담긴 추억과 행복을 품고 있다. 바나나우유는 단순한 음료가 아니라 아버지와의 소중한 순간을 기억하게 하는 맛이며 삶은 달걀은 여행의 기쁨을 떠올리게 하는 맛. 귤은 가족과 따뜻한 시간을 상기시키는 맛이다. 이런 경험들은 각각 독특한 감정을 품고 있으며 이들이 모여 우리가 느끼는 진정한 행복을 만들어낸다.

행복은 인생의 작은 일들 속에서 발견된다. 그것은 아침에 맞이하는 첫 햇살, 친구와 나눈 진심 어린 대화, 사랑하는 사람의 따뜻한 손길 속에 존재한다. 이러한 순간들은 우리의 일상 속에서 소중한 보석처럼 반짝이며 그 빛을 통해 우리는 행복을 경험할 수 있다. 순간의 행복은 우리가 일상에서 찾을 수 있는 가장 간단하면서도 깊은 기쁨이다.

지속적인 행복은 그와 같은 순간들이 모여 이루어진다. 마치 푸른 초원의 끝없이 펼쳐진 풍경처럼 인생의 여정 속에서 점진적으로 찾아온다. 그것은 우리가 일상 속에서의 작은 기쁨을 통해 삶의 의미를 찾고 그 의미를 실현해 나가면서 이루어진다. 지속적인 행복은 삶의 목표와 가치가 결합하여 이루어지는 더 깊은 만족감이다.

나의 20대는 치열한 전쟁터 같았다. 성공이라는 단어는 내 머릿속을 떠나지 않았고 행복은 그저 성공의 부수적인 보너스에 불과하다고 믿었다. 더 나은 직장을 얻고 더 많은 돈을 벌고 더 큰 집에서 살면 자연스럽게 행복도 뒤따를 것이라 여겼다. 그 믿음을 품고 나는 열정적으로 일에 몰두했다. 개인적인 삶의 여유보다 직업적 성취를 우선시하며 모든 것을 바쳤다. 직장에서의 인정이란 잠시의 만족감을 안겨주었지만, 그 만족감은 금세 사라지고 다시 새로운 목표를 향해 나아가야 했다. 매일같이 목표를 새롭게 설정하며 앞으로 나아갔다. 성공이라는 끝없는 추구 속에서 나는 마치 무대의 조명이 나를 비추는 동안에만 존재하는 듯한 내 모습을 돌아보며 성취와 행복의 경계에서 끊임없이 전쟁을 벌였던 시절을 떠올린다.

이제 30대 후반에 접어들며 행복에 대한 나의 시각은 큰 변화를 맞이했다. 한때 나는 행복이 많은 돈과 더 높은 지위에서 비롯된다고 믿었다. 그 믿음은 나를 무거운 책임감과 끝없는 불안으로 이끌었다. 서인국의 『행복의 기원』에서 '행복은 기쁨의 강도가 아니라 빈도다.'라는 구절을 보며 나는 깨달았다. 행복이란 큰 성취에 있는 것이 아니라 일상의 소소한 순간에서 자주 찾아오는 것임을.

## 행복은 우리가 살아온 시간과
## 경험에서 만들어진 소중한 감정이다

나는 일상의 작은 행복 속에서 위안을 찾는다. 바쁜 삶의 소용돌이 속에서 놓치기 쉬운 그 미세한 순간들을 인식하고 그 속에 담긴 감사를 깨닫는 것이 얼마나 중요한지 경험으로 알게 되었다. 우리는 종종 일상의 휘발성 속에서 진정으로 소중한 것들을 간과하기 쉬운 존재들이다. 그러나 그 작은 행복의 조각들은 언제나 주변에 존재한다.

아이들이 아침에 달려와 나를 깨우며 안아주는 순간, 아내와 함께하는 주말 아침의 느긋한 커피 한잔의 시간, 오늘 하루 아이들이 학교에서 겪었던 이야기를 나누는 순간. 이러한 모든 장면은 내 마음에 큰 기쁨을 안겨준다. 아이들이 무심코 던지는 웃음과 사랑의 표현, 아내와 조용하고 여유로운 대화 속에서 찾는 **소소한 즐거움은 일상의 소중함을 새롭게 각인시킨다. 그 순간들은 지극히 평범하지만 특별하다.**

이 작은 행복들이 나에게 얼마나 큰 기쁨을 주는지 깨달으면서 나는 이 소중한 순간들을 진정으로 누리고 있는지 자문한다. 매일의 소소한 행복이 과연 충분히 소중히 여겨지고 있는지를 묻는다. 때로는 지나치게 일과 책임에 몰두해 이 중요한 순간들을 놓치고 있는 것은 아닌지 가슴 속 깊이 성찰하게 된다.

나는 내 삶에서 작은 행복을 발견하고 그 가치를 온전히 인식하는 것이 얼마나 중요한지를 절실히 느낀다. 우리가 소중히 여기는 순간들. 그 모든 것이 삶의 진정한 의미와 가치를 이루는 것이 아닐까. 이 소중한 행복의 조각들을 하나하나 모아가며 삶의 전체를 이루어가는 과정에서 진정한 행복의 의미를 발견할 수 있다. 이 과정이야말로 삶의 진정한 의미를 찾아가는 길임을 확신한다.

# 실수를 인정하는 것이
# 성장의 첫걸음

"실수를 통해 배우지 않는 사람은 결코 진정한 성장을 이룰 수 없다."

- 헨리 포드

　최근 들어 실수에 두려움을 느끼기 시작했다. 치명적인 실수가 아니라 하더라도 작은 실수 하나하나가 주는 불안감이 나를 괴롭히기 시작했다. 중간 관리자로서 실수는 단순히 개인의 문제가 아니라 부서 내 조직원들의 사기와 상급자의 신뢰에까지 영향을 미칠 수 있기 때문이다. 그런 생각에 압박을 느끼며 점점 더 긴장하게 되었다. 그러나 실수를 완전히 피할 수 없는 것도 사실이다. 사회에 처음 나왔을 때 나는 실수를 두려워하지 않았다. 실수는 오히려 배움의 기회로 여겨졌고 그것을 통해 나는 많은 것을 배웠으며 성장할 수 있었다. 실수는 나를 더 나은 사람으로 성장하게 만드는 과정의 일부였고, 그 과정에서 나는 용기를 얻었다. 하지만 시간이 지나면서 실수에 대한 두려움은 점차 커져만 갔다.

나는 상급자의 눈높이가 나보다 훨씬 높은 것을 잊고 있었다. '이 정도면 충분할 거야.'라는 안일한 생각으로 검토했던 문서들은 상급자의 기준에 미치지 못했다. 내가 서명한 문서들 위에 가득한 빨간펜의 흔적들은 실무자들의 표정을 어둡게 만들었다. 그 반복되는 과정에서 가슴 속에 쌓인 답답함은 더욱 깊어졌다.

문서 위의 빨간펜으로 수정 사항이 기재된 것을 보며 상급자의 시선과 실무자들의 시선이 모두 나를 향해 쏟아지는 듯한 기분이 들었다. 중간 검토자의 역할을 제대로 수행하지 못한 나 자신이 더욱 작고 초라하게 느껴졌다. 비록 직접적인 비난의 말은 없었지만 '실무자들은 나를 어떻게 생각할까?', '상급자는 내게 어떤 생각을 하고 있을까?' 이런 고민이 내 마음을 점점 더 옥죄어온다. 나는 나의 부족함을 느끼며 책임감을 깊이 새기지만 그 무게에 눌려 숨 쉴 틈조차 없는 기분이 든다. 그 두려움은 나를 더욱 긴장하게 했고 그 긴장은 오히려 더 많은 실수를 낳았다. 나는 실수로부터 배움이 있다는 것을 간과하고 있었다.

## 상급자라고 해서
## 모든 것을 완벽하게 해낼 수 없다

나는 나의 부족함을 되짚어 보며 그 실수에서 어떤 교훈을 얻었는지를 정리했다. 완벽할 필요는 없다는 것을 받아들이기로 했다. 실수도 성장의 일부분이라는 것을 잊지 않기로 했다. 성장이란 바로 그 실수들 속에서 의미를 발견하고 그것이 나를 조금씩 자유롭게 한다는 것을 되새기는 것이다. 그렇게 실수에 대한 두려움을 조금씩 내려놓을 수 있었다.

**생각해 보면 상급자가 되었지만, 상급자가 되었다고 해서 상급자의 업무를 하루아침에 상급으로 완수할 수 있는 능력을 얻게 되는 것은 아니다.** 한 단계 오르면 그 무대에서 나는 가장 낮은 사람이다. 그러니 실수가 있다고 해서 부끄러워할 일은 아니다. 그 시선에 대한 부담이 불편하기는 하지만 어떻게 받아들이냐에 따라서 유용한 도움이 된다. 적당한 긴장과 스트레스가 업무에 대한 집중력을 발휘하게 만들기 때문이다.

일을 마무리할 때 자신에게 묻는다. "여기에는 내가 미처 놓친 실수가 세 가지가 있을 것이다. 그것들이 무엇일까?" 이 질문은 나를 다시 원점으로 돌려놓는다. 결론을 내리기 전 나는 이미 작업에 문제가 있을 것이라 가정하며 내면의 경계를 세운다. 그러면 예민하게 깨어난 감각이 문제를 찾아낸다.

상급자의 의도가 충분히 반영되었는가? 예상치 못한 우발 상황에 대비할 대책은 마련되었는가? 오탈자나 작은 실수는 없는가? 이 세 가지를 기준으로 문제를 분석해 나가면 대개는 그 문제들을 발견하게 되고 때로는 그 이상을 찾아낼 수 있다. 이 과정을 통해 나는 매번 스스로를 더욱 깊이 성찰하고 불완전함 속에서도 나아짐을 느낄 수가 있다.

'문제 있음'이라는 단순한 전제로부터 우리는 인생의 많은 자잘한 실수를 피할 수 있다. 그 단순함 속에서 우리는 끝까지 주위를 살피고 점검하는 침

착함과 인내심을 기를 수 있다. 결론에 이르기 전에 다시 문제를 제기하는 태도는 나를 더욱 단단하게 만드는 중요한 연습이 된다. 이 과정은 마치 마지막까지 불확실성을 헤쳐나가는 듯한 여정으로 그 끝에 도달하기 전까지 끊임없이 자신을 다듬어간다. 결론 앞에서 재차 문제를 제기하는 이 태도는 나의 삶을 더욱 견고하게 만드는 소중한 태도이다.

누구나 실수를 한다. 실수는 성장의 필수적인 과정이라고들 하지만 그로 인한 자괴감은 쉽게 벗어날 수 없는 그림자처럼 따라온다. 마치 정교한 조각가가 원석을 다듬어가는 과정처럼 우리는 실수와 실패를 통해서만 진정한 아름다움을 발견할 수 있다. 그러나 그 길은 결코 평탄하지 않다. 늘 나만이 부족하고 나만이 실패하는 것처럼 느껴질 때가 있다. 이러한 감정은 종종 깊은 외로움으로 이어진다. 세상이 나의 고통을 이해하지 못할 것이라는 생각이 들면 그 외로움은 더욱 깊어진다. 마치 외로운 섬에서 홀로 싸워야 하는 듯한 기분이 드는 것이다. 그러나 인생은 누구에게나 공평하다. 모든 이가 겪는 길고 험난한 여정. 그것이 바로 실수와 실패의 과정이다. 이 진리는 누구도 피할 수 없는 보편적 법칙이다. 훈련된 이들은 이러한 실수를 겪더라도 큰 상처를 입지 않는다. 그들은 상처를 입은 자리에 다시 일어서는 법을 배우고 스스로 치유하는 방법을 터득한 것이다.

**실수는 성장의 필연적인 일부이며 우리 내면을 더욱 단단하게 다져준다.**
상처를 딛고 다시 일어서는 그 과정에서 우리는 성숙해지고 진정한 자신을 발견할 수 있다. 이 모든 것은 인생의 균형 잡힌 여정을 이루며 우리의 삶을 더욱 깊고 풍요롭게 만든다. 이 확신 속에서 모든 역경을 감내할 때 앞으로 더 나아갈 수 있다.

# 자존감의 위기와
# 그 속의 깨달음

"자존감이 낮아질 때,

그것은 우리가 스스로의 가치를 재정립할 수 있는 순간이다."

- 오프라 윈프리

나는 친절하고 배려가 넘치는 사람이라 여겼다. 마트에서 줄을 서 있다가도 급해 보이는 사람이 있으면 양보했고 혼자서 무거운 짐을 나르는 사람을 보면 얼마나 더 남았는지 묻고 도왔다. 이것은 직장 내에서도 마찬가지였다.

많은 사람이 자리를 옮겨야 할 인사 시기가 다가왔다. 이 시기가 되면 모두가 선호하는 자리와 비선호하는 자리를 두고 보이지 않는 경쟁이 시작된다. 승진을 앞둔 사람들이 선호하는 자리 중 하나가 보직 담당이었는데, 나에게 그 자리에 대한 제안이 왔다. 나는 주저 없이 그 기회를 받아들였다. 모든 것이 순조로웠다. 하지만 얼마 지나지 않아 한 선배에게서 전화가 걸려왔다. 그의 목소리는 떨리고 있었고 그 안에는 절박함이 스며 있었다.

"정말 미안한데, 지금 나에게 너무 중요한 시기야. 나는 꼭 그 자리에 가고 싶어. 네가 양보할 수 있을까?" 왜 결정권자가 아닌 나에게 이런 이야기를 하는 걸까. 나에게 무슨 의미로 이런 말을 전하는지 묻자 선배는 이미 그분을 찾아갔었다고 했다. 하지만 돌아온 대답은 명확했다. "이미 내정자가 있다. 만약 이 자리에 오고 싶다면 그 사람을 찾아가 설득해라."라고 했다는 것이다. 그 순간 나의 마음이 흔들리기 시작했다. 머릿속이 복잡해졌다. 내정자가 있어서 안 된다고 단호히 말했으면 끝날 일이었다. 그분은 왜 나에게 이 무거운 결정을 떠넘긴 걸까? 선배의 간절함까지 고려해야 한다는 배려의 무게가 내 어깨를 짓누르기 시작했다. 나는 내 앞에 놓인 소중한 기회를 조용히 내려놓았다. 그렇게 나는 스스로 친절하고 배려심 있는 사람이라 생각했다.

이 선택이 과연 옳았을까? 지금도 알 수 없다. 다만 배려라는 이름 뒤에 남겨진 나의 빈자리만이 그날의 기억을 조용히 되새기고 있을 뿐이다. 이러한 선택들이 반복되면서 문득 스스로에게 질문을 던지게 되었다. '내가 진정 친절한 사람인가?' 아니면 '친절로 포장된 허울 속에서 나 자신을 속이고 있는 것인가?', '그 친절이라는 것이 결국 내 자존감을 갉아먹고 있는 것은 아닌가?' 나는 무의식중에 스스로를 억누르고 있었다는 사실을 한 발짝 물러서서야 비로소 깨닫게 되었다. 친절이라는 이름 아래 나는 나 자신을 점점 희미하게 만들어가고 있었다. 내가 행했던 친절이란 나의 진심에서 우러나오는 것이 아니라 타인의 시선에 맞추기 위한 방패일 뿐임을. 그 안에 감춰진 나의 진짜 마음을 들여다보며 내면의 진정한 자아를 찾아가야 한다는 것을 깨달았다. 이러한 현실 속에서 나는 점점 더 깊은 어둠 속으로 빠져들었다. 나를 둘러싼 상황들은 끊임없이 나의 자존감을 갉아먹었고 내 존재의 가치를 의심하게 했다. 사람들은 인생이 냉탕과 온탕을 오가며 균형을 이루는 것이라고 말하곤 했지만 왜 내 인생은 차가운 냉탕에 갇혀 있는지 그 끝없는 차가움이 원망스러웠다.

## 낮은 자존감이
## 나를 더 단단하게 만들었다

우연히 '자존감'이라는 단어에 눈을 뜨게 되었다. 여느 때와 같이 도서관에 방문했을 때였다. 평소 자주 가던 장소였지만 그날따라 한 문구가 나의 시선을 사로잡았다. '당신의 가치를 결정하는 것은 오직 당신뿐이다.' 이 글귀가 내게 자존감의 진정한 의미를 일깨운 순간이었다. 처음엔 그저 스쳐 지나가는 생각처럼 여겨졌지만, 시간이 흐를수록 그 단어는 내 머릿속에서 떠나지 않았다. '자존감이란 무엇일까? 나는 그것을 잃어버린 것인가? 만약 잃었다면 어떻게 다시 찾을 수 있을까?' 이러한 질문들이 연이어 내 마음을 사로잡았고 나는 그 해답을 찾아 나서기 시작했다.

자존감에 대해 깊이 고민했다. 그리고 역설적인 진리를 깨달았다. **나의 자존감이 가장 바닥을 친 그 순간이 의외로 새로운 문을 열어주었음을 알**

**게 된 것**이다. 집안의 어려움 속에서 사회의 냉혹함을 먼저 경험하게 되었고 힘든 노동 속에서 안정된 직장을 찾기 위해 입대하게 되었다. 군 복무를 통해 자신을 발전시키려는 노력을 기울였고 부사관에서 장교로의 길을 걸었다. 자존감을 회복하는 과정은 고통스럽고도 험난했지만 바로 그 길이 나를 진정한 행복으로 이끌어주었다. 낮아진 자존감은 오히려 나를 더욱 단단하게 만들었고 다시 자신을 사랑할 수 있는 길을 열어주었다. 결과적으로 나의 행복은 높은 자존감에서 비롯된 것이 아니라 낮아진 자존감을 되찾기 위해 걸어온 긴 여정 속에서 피어난 꽃이었다. 나는 그 가장 낮은 곳에서 다시 일어설 수 있었고 그 과정에서 스스로를 이해하고 받아들이며 결국 자신을 사랑하게 되었다. 그러므로 가장 어두운 곳에서 발견한 가장 빛나는 행복이 나의 진정한 보상이었다.

먼저 내 자존감을 낮아지게끔 만드는 '나를 괴롭히는 나쁜 것'들을 제거하자. 제거하고 나면 사실 아무것도 아닌 존재가 된다. 아침 출근 시간. 양말을 신으며 발끝에서 느껴지는 작은 모래알의 존재를 눈치챘다. 작은 불편함이 느껴졌지만 귀찮아서 무시하고 걸음을 옮겼다. 그러나 시간이 지날수록 그 작은 모래알은 점점 더 큰 고통으로 변했고 걸음 하나하나가 고역으로 다가왔다. 발끝으로 몰린 통증이 온몸을 사로잡았다. 더는 참을 수 없어 신발과 양말을 벗고 그 작디작은 모래알을 꺼냈다. 놀랍게도 그 작은 알갱이가 사라지자마자 모든 고통이 사라지고 걸음이 다시 가벼워졌다. 왜 처음부터 이토록 간단한 문제를 해결하지 않았을까 후회가 밀려왔다. 이 경험은 내게 중요한 깨달음을 주었다. 우리의 마음속에도 그 작은 모래알과 같은 존재들이 있다. 자존감을 갉아먹고 자신을 의심하게 만들며 때로는 삶의 발걸음을 무겁게 만드는 '나쁜 것'들. 처음에는 작은 불편함으로 시작되지만, 그것들을 무시하고 방치하면 결국 우리의 삶 전체에 영향을 미치는 큰 통증으로 확산될 수 있다. 그렇기에 우리는 내면을 들여다보아야 한다. 나를 불편하게 만드는 나의 자존감을 낮게 만드는 그 '나쁜 것'이 무엇인지 명확하게 인식해야 한다. 그리고 그들이 아무리 작고 사소하게 보일지라도 결코 내버려둬서는 안 된다. 한 번의 결단으로 그것들을 제거한다면 그토록 큰 고통을 유발했던 그들이 결국은 아무것도 아닌 존재임을 깨닫게 된다. 마치 작은 모래알이 사라지자 모든 고통이 사라졌던 것처럼, 우리의 마음과 삶도 다시 가벼워진다.

다음으로는 인정하고 극복하는 마음가짐이다. 자존감을 낮추는 나쁜 것들을 모두 제거한다고 해서 자존감이 자동으로 회복되는 것은 아니다. 우리는 이 사실을 겸허히 받아들여야 한다. '이럴 수도 있구나.' 하는 마음으로 자신을 스스로 인정하고 꾸준히 극복의 길을 걸어갈 수 있다. 자존감이 쉽게 회복되지 않는다고 해서 결코 좌절할 필요는 없다. 우선 내가 할 수 있는 것들에 집중하고 해결 가능한 문제에만 마음을 쏟자. 그리고 안 되는 것들은 새로운 방법으로 접근해 보면 된다.

내비게이션이 목적지를 설정하면 경로를 벗어나더라도 새로운 길을 안

내해 주듯이 자존감도 그렇다. 한 번의 실패나 좌절이 끝이 아니라는 것을 기억하자. 나의 상황을 있는 그대로 받아들이고 끊임없이 극복의 노력을 기울이는 과정에서 새로운 길이 나타날 것이다. **우리의 삶은 그리도 자비롭기에 우리가 찾고자 하는 길을 언젠가 반드시 보여줄 것**이라 믿는다.

# 시간을 다스리는
# 삶의 리듬

"우리는 시간의 흐름에 따라 살아가지만,

그 리듬을 즐길 수 있을 때 삶은 더욱 풍성해진다."

- 알버트 아인슈타인

"하루는 스물네 시간이다."

누구에게나 공평하게 주어진 시간이다. 이 당연한 진리를 모르는 사람은 없을 것이다. 이 글을 읽고 있는 여러분에게도 묻고 싶다. 당신은 하루 스물네 시간을 어떻게 사용하고 있는가? 세심하게 계획하고 있는가? 아니면 그저 흐르는 대로 맡기고 있는가?

두 아이의 아빠이자 한 직장의 구성원으로서 나에게 시간 관리는 삶의 필수적인 과제였다. 누구에게나 주어지는 시간은 같으며 시계의 초침은 한 순간도 멈추지 않고 흘러간다. 그 누구도 이 초침의 흐름을 피할 수 없다.

그러나 같은 시간을 맞이하더라도 사람마다 그 안에서 만들어내는 이야기는 천차만별이다.

일과 가정의 양립은 나에게 언제나 큰 도전이었다. 시간은 늘 모자랐고 해야 할 일들은 끝이 보이지 않았다. 가끔은 내가 정말 중요한 일에 시간을 쓰고 있는지 아니면 단지 눈앞의 일들에 쫓기고 있는지 혼란스러웠다. 직장에서의 업무는 나 혼자만의 노력으로 끝맺을 수 있는 것이 아니다. 인접 부서와의 협력은 물론, 위로부터 내려오는 지시를 아랫사람들에게 전달해야 할 때도 있다. 그렇게 내가 계획한 시간 외에도 업무는 계속해서 밀려온다.

매일같이 숨 가쁘게 일만 하는 것은 아니지만 때로는 모든 것을 쏟아부어야만 하는 순간들이 찾아온다. 그럴 때면 마치 시간의 벽을 뛰어넘으려는 듯 몸과 마음이 물리적인 한계에 부딪힌다. 그 힘겨운 순간에 둘째가 태어났다. 아내는 20개월 된 첫째와 갓 태어난 둘째를 혼자 돌봐야 했다. 그 무게는 그녀에게 참으로 버거웠다. 나는 상황의 가혹함을 알면서도 어쩔 수 없이 양해를 구하고 업무에 집중하는 길을 선택할 수밖에 없었다. 삶은 종종 우리를 시험에 들게 한다. 그 시험은 하루하루의 일상이 때로는 한계에 도전해야만 하는 순간들 속에서 찾아온다. 나는 그 시간 속에서 균형을 찾으려 애쓰며 무언가를 놓칠 수밖에 없는 현실 앞에 서 있었다.

내 선택의 대가는 혹독했다. 가족은 점점 지쳐가고 마치 금방이라도 모든 것이 무너질 듯 아슬아슬한 순간들이 이어졌다. 더는 아내에게만 희생을 강요할 수 없었다. 그렇다고 직장을 뒤로 미룰 수 없는 처지였지만 나는 가족을 지켜야만 했다. 가정을 지키며 일에도 충실할 수 있는 길을 찾아야 했다. 그 여정은 마치 서로 다른 두 세계 사이에서 아슬아슬하게 균형을 잡고 걷는 줄타기 같았다. 한쪽에 더 무게를 실을 수도 다른 쪽을 포기할 수도 없는 상황에서 나는 묵묵히 그 위를 걸어가야만 했다. 가정과 일이란 두 축이 충돌하지 않도록 그 사이에서 길을 찾아가는 것은 나에게 새로운 과제가 되었다. 두 세계 사이에서 길을 잃지 않기 위해 나는 내 안의 나침반을 따라가며 하루하루를 살펴야 했다. 때로는 지칠 만큼 바람이 불고 때로는 그 줄이 흔들렸지만 나는 그 위태로운 균형 속에서 답을 찾아야만 했다. 가족의 안녕과 나의 책임감. 그 사이에서 나는 아슬아슬한 줄타기를 해야만 했다.

시간 관리의 중요성을 절실히 깨닫고 혼란을 해결하려면 우선순위를 정해야 한다는 사실을 인지했다. 삶에서 진정 중요한 것, 반드시 이루어야 할 것들을 곰곰이 생각하며 하나씩 종이에 적어 내려갔다. 그 목록에 번호를 매기자 가장 먼저 해결해야 할 것은 아내의 육아 부담을 덜어주는 일이었다. 직장에서 미처 끝내지 못한 일은 그다음이었다. 하지만 직장의 일이 우선순위에서 뒤로 밀려났다고 해서 결코 소홀히 할 수는 없었다.

고민을 거듭하던 중 나는 두 가지 문제의 접점을 찾기 시작했다. 아내가 가장 힘들어하는 시간이 언제인지를 생각했다. 그것은 첫째 아이가 어린이집에서 돌아와 잠자리에 들기까지 곧 오후 5시에서 9시까지의 시간이었다. 내 퇴근 시간은 오후 5시 30분이다. 비록 그때 모든 업무를 끝내지 못할 수는 있지만, 적어도 퇴근은 할 수 있다. 업무를 뒤로 미루는 대신 그 시간만큼은 가족을 위해 쓸 수 있다.

**삶의 균형이란 거창한 해결책에서 오는 것이 아니라 작은 조정과 세심한 배려에서 비롯된다는 사실을 깨달았다.** 비록 모든 것을 완벽하게 해결할 수는 없어도 나는 그 순간만큼은 가족의 곁에 있을 수 있었다. 중요한 것은 완벽함이 아니라 가장 필요한 곳에 나의 시간과 마음을 쏟는 것이었다. 나는 과감히 업무 패턴을 바꾸기로 했다. 오후 5시 30분이 되면 바로 퇴근하여 아내와 함께 육아에 동참했다. 아이의 저녁을 먹이고 씻기고, 잠들 때까지 곁에서 함께하며 우리의 시간을 쌓아갔다. 저녁 9시 이후 아이가 잠들고 나면 나는 다시 사무실로 돌아가 남은 업무를 처리했다. 그렇게 반복되던 날들 속에서 아내의 표정은 조금씩 밝아지기 시작했다. 무엇보다도 힘겨운 시간 속에서도 우리가 함께하고 있다는 믿음이 우리의 공간을 채웠다. 이 작은 변화는 우리 삶에 따뜻한 빛을 비추며 잔잔한 행복의 물결을 일으켰다.

완벽한 해결책은 아니었지만, 그 변화는 마치 겨울 끝자락에 피어나는 작은 봄꽃처럼 우리에게 새로운 희망을 안겨주었다. 서로를 향한 신뢰와 이해가 조금씩 쌓여가며 우리는 다시금 부부라는 이름의 단단한 동행을 이어갔다. 그 작은 결정이 우리의 삶을 새로운 빛으로 물들인 것이다. 그날 이후 나는 하루를 시작하기 전에 반드시 해야 할 일들의 목록을 작성하기 시작했다. 사소한 일들이나 중요도가 떨어지는 것들은 과감히 제외하고 오로지 진정으로 중요한 일들에만 집중하기로 마음먹었다. 하루의 시간을 분 단위로 쪼개어 무엇이 가장 중요한지 세심하게 가늠하는 과정은 나에게 필 수적인 일이 되었다. 처음에는 그 작업이 쉽지 않았다. 작은 일들이 종종 나를 유혹했고 목록을 작성하는 것 자체가 시간을 잡아먹는 듯 느껴지기도 했다. 그러나 차츰 나의 노력이 결실을 보기 시작했다. 우선순위에 따라 집 중할 수 있었고 내가 무엇에 시간을 쏟고 있는지 명확해지자 스트레스도 서서히 줄어들었다. 이 단순한 습관은 흐트러진 실타래를 하나씩 풀어내 듯, 내 삶을 점차 정리해 주었다. 하루하루의 시간이 더 이상 나를 쫓는 것 이 아니라, 내가 시간을 다스리는 듯한 느낌이 들기 시작했다.

## 내가 가장 집중해야 할 일을 묻고, 우선순위를 세우는 습관이 삶의 흐름을 조율한다

우선순위를 정하는 일은 어떤 것을 포기하고 어떤 것을 지켜야 할지에 대한 내면의 깊은 성찰과 같다. 이는 내가 스스로의 선택을 가다듬고 일상 속에서 조화로운 흐름을 유지할 수 있도록 돕는 삶의 리듬을 맞추는 정교 한 작업이다. 이 조율이 바로 나의 평온을 지키는 열쇠임을 나는 명확히 알 고 있다.

매일 아침 나는 나 자신에게 조용히 묻는다. **"지금, 이 순간 내가 가장 집 중해야 할 것은 무엇인가?"** 이 단순한 질문이 하루의 우선순위를 선명하게 밝혀주고 불필요한 일들에 시간을 빼앗기지 않도록 나를 이끈다.

# 일과 가정 사이에서의
# 균형 찾기

"가장 중요한 일은 일 자체가 아니라, 그 일과 삶의 균형을 찾는 것이다."

- 리처드 브랜슨

직장에서 상급자의 기대와 실무자들의 요구 사이에서 나는 끊임없이 압박을 느낀다. 가정에서도 마찬가지다. 아이들은 매일 놀아달라며 나를 부르고 아내의 눈빛 속에는 육아와 집안일을 함께 하자는 무언의 메시지가 담겨 있다. 나는 그 속에서 어딘가 끼어버린 듯한 기분이다. 직장과 가정 그 사이에 낀 나 자신은 점점 무뎌지고 공허함은 깊어져만 간다. 마치 두 세계 사이에서 균형을 잡으려는 외줄타기처럼 아슬아슬하게 버티고 있다.

이럴 때마다 나는 스스로에게 묻는다. 지금 나는 직장과 가정이라는 두 세계 사이에서 중심을 잡고 있는 것인가? 아니면 나 자신을 속이며 그저 그렇게 살아가고 있다고 믿고 있는 것인가? 그 답은 언제나 흐릿하고 모호하다. 그러나 가끔 마음 깊은 곳에서 희미한 속삭임이 들려온다. '넌 충분히 잘하고 있어!' 이 말을 조용히 되뇌며 나는 스스로에게 작은 위안을 건넨다. 마치 어두운 바다 위에 떠 있는 배가 멀리서 희미하게 들려오는 등대의 불빛을 발견하듯 그 속삭임이 나를 잠시나마 지탱해 주고 있다.

직장에서 '워라밸(Work and Life Balance)'이 유행어처럼 번졌다. 많은 이들에게 이 단어는 '삶의 보장' 정도로 받아들여졌고 그보다 더 깊은 진정한 의미는 생각하지 않았다. 이 때문이었을까. 내가 속한 직장 내에서도 워라밸의 원칙이 지켜지지 않는다는 불만이 끊이지 않았다. 나 역시 그 불만속에 서 있었다. 그러나 시간이 지나면서 나는 워라밸에 대한 이해가 잘못된 방향으로 흘러왔음을 깨달았다. 그 균형은 단순히 시간을 나누는 문제가 아니라 삶의 조화를 이루는 과정인 것이었다. 워라밸은 삶의 다양한 측면을 함께 조율해 나가려는 깊은 성찰과 노력이 필요하다. 워라밸에 대해흔히 '일'과 '삶'으로 나누어 생각하지만, 이는 너무 단순화된 접근이다.

나는 '밸런스'라는 단어에 주목하게 되었다. 밸런스란 과연 무엇일까? 50대 50의 완벽한 비율로 나누는 것만이 균형일까? 현실에서 일과 삶을 정교하게 반반으로 나누며 사는 사람이 과연 얼마나 될까? 하루 여덟 시간을 자고 나면 우리에게 남는 시간은 고작 열여섯 시간이다. 이 글을 읽는 당신에게 묻고 싶다. 당신은 열여섯 시간을 어떻게 채워 나가고 있는가? 당신은 여덟 시간을 일하고 나머지 여덟 시간을 온전히 삶의 기쁨과 충만함으로 채우고 있는가? 만약 하루 네다섯 시간만 자고 열두 시간을 일하는 개인 사업자가 있다면 그는 삶의 균형을 잃은 것인가? 아니면 그만의 방식으로 충만한 삶을 사는 것인가? 워라밸은 정해진 수치로 나누어질 수 없는 각자의 내면에서 이루어지는 고유한 리듬이 아닐까. 중요한 것은 그 숫자들이 아니라 우리가 각자의 삶 속에서 어떻게 조화를 이루어 나가는지에 대한 끊임없는 질문과 답변이다.

'밸런스'는 단순히 물리적인 무게 중심을 뜻하지 않는다. 오히려 그 무게를 옮겨가는 과정 자체가 기쁨이자 행복의 본질이다. 삶은 우리가 긍정적인 방향으로 조금씩 무게 중심을 이동시키는 여정이다. 흔히 행복을 먼 곳의 파랑새로 여긴다. 하지만 그 파랑새는 사실 여기에 우리 안에 있다는 진리처럼 삶의 무게가 조금이라도 긍정 쪽으로 옮겨지는 그 순간 우리는 이미 행복의 궤도 위에 서 있는 것이다. 그 변화가 아무리 미세해도 말이다.

## 삶의 주인은 결국 나 자신이다

행복이란 거대한 도약이 아니라 아주 작은 변화에서 비롯된다는 것을 느끼는 순간 우리는 진정한 밸런스를 이해할 수 있다. 그 중심의 미묘한 이동을 알아차리고 그 흐름에 몸을 맡기는 것. 이것이 바로 우리가 추구해야 할 삶의 모습이다.

워라밸의 진정한 의미는 그 중심에 바로 '나'가 있음을 깨닫는 데서 출발한다. 내 삶의 균형을 맞추는 열쇠는 '나 자신'을 정확히 아는 데 있다. 나는 무엇을 원하고 무엇이 나를 행복하게 만드는가? 이 질문에 답하는 순간 비로소 우리는 중심을 바로잡고 진정한 균형을 찾을 수 있다.

일과 삶의 균형은 그저 일을 줄이고 여유 시간을 늘리는 문제가 아니다.

그것은 우리의 모든 순간 속에서 진정한 나를 발견하고 그 안에서 충만한 행복을 느끼는 것이다. 일과 삶이 분리된 것이 아니라 서로 얽히고 융화된 가운데 우리는 나 자신과 끊임없이 대화를 나누며 중심을 찾아간다. 행복은 그 끝에 있는 것이 아니라 바로 그 대화의 과정에 있다.

워라밸의 진정한 의미는 결국 내가 행복해지는 데서 시작된다. 삶의 중심에 나 자신을 세우고 그 균형을 스스로 맞춰가는 과정이 바로 진정한 워라밸이다. 내 안에 중심이 바로 서는 순간 일과 삶은 비로소 조화를 이루며 하나로 엮인다. 그때 비로소 외부의 흐름에 휘둘리지 않고 내 삶의 진정한 주인이 된다.

**삶이란 그저 일과 쉼의 나눔이 아니라 내 안의 균형을 찾아가는 여정이다.** 그 여정 속에서 나를 발견하고 나의 기쁨과 만족을 중심으로 삶을 그려나갈 때 우리는 비로소 진정한 조화 속에 살아갈 수 있다. 그 균형의 주체는 언제나 나 자신 그리고 그 주체성이 우리를 삶의 주인으로 우뚝 서게 만든다.

# 성격은 관계 속에서
# 다듬어진다

"인간의 성격은 그가 만나는 사람들에 의해 만들어진다."

- 윌리엄 제임스

"자신의 성격에 만족하는가?"

이 질문에 확신하고 답할 수 있는 사람이 과연 얼마나 될까. 우리는 늘 자신을 온전히 받아들이는 일에 서툴다. 외모, 처지, 그리고 삶 속에서 드러나는 성격까지 수없이 감추고 부끄러워하며 살아왔다. '더 나아지기 위해서'라는 미명 아래 나 자신을 너무도 혹독하게 몰아붙였다. 하지만 진정한 변화는 자신을 있는 그대로 직시하는 데서 시작된다.

부족함을 인정하지 않으면 우리는 그저 같은 자리를 맴돌 뿐이다. 마치 흐릿한 거울 앞에서 자신의 모습을 애써 외면하는 것처럼. 부족함은 우리를 묶는 사슬이 아니라 그 자체로 성장의 출발점이다. 이를 받아들이는 순간 비로소 우리는 자신을 이해할 수 있다.

내 성격에는 뚜렷한 결점이 있다. 그것은 바로 완벽주의라는 무거운 굴레를 스스로 씌운다는 점이다. 모든 일을 흠 하나 없이 해내려는 강박 속에서 나 자신을 조금씩 갉아먹는다. 이 집착은 단순한 성향이 아니라 내 깊은 내면에서부터 나를 끌어당기는 강렬한 힘이다. 마치 어둠 속에서 나를 놓지 않는 그늘처럼 늘 따라다닌다.

그로 인해 겪는 피로와 고단함은 끝이 보이지 않는 길을 걷는 것과 같다. 매 순간이 나를 벼랑 끝으로 몰고 가고 그 과정에서 내 에너지는 서서히 고갈된다. 날카롭게 파고드는 세상의 잣대들이 내 안의 모든 것을 갉아먹을 때 결국 나는 지쳐 무너지고 만다. 그 무게는 나를 짓누르지만 아이러니하게도 나는 그 굴레를 벗어날 용기를 찾지 못하고 있다.

이 완벽주의의 그림자는 나만을 겨냥한 것이 아니었다. 나와 함께 일하는 동료들에게도 그 무게를 은연중에 강요하게 되었다. 내가 검토하는 보고서나 작업물이 조금이라도 흠결이 있으면 마치 그 작은 불완전함이 내 마음에 큰 균열을 일으키는 것처럼 느껴졌다. 실무자들의 실수를 이해하려 애쓰지만 내면 깊숙이 자리 잡은 엄격한 기준이 그것을 용납하지 않았다.

그 결과 나는 그들의 작은 실수조차 용납하지 못했고 이는 곧 내게도 큰 짐이 되어 돌아왔다. 겉으로는 차분함을 유지하려 노력했지만 내 마음속에서는 불만과 스트레스가 거대한 파도처럼 끓어올랐다. 완벽하지 않은 결과물을 마주할 때마다 마치 작은 실수 하나가 나의 모든 노력을 무너뜨릴 것만 같은 불안감이 나를 옥죄었다.

작은 실수조차 용납할 수 없다는 나의 고집은 결국 내가 스스로 짊어진 무거운 짐이었다. 그 짐은 점점 더 나를 짓눌렀고 그 무게는 날카롭게 나를 갉아먹었다. 완벽을 향해 가는 길은 마치 끝없이 이어지는 마라톤 같았다. 그 과정에서 나의 에너지는 서서히 소진되었고 나는 점점 지쳐갔다. 마치 내가 끝없는 미로 속에 갇혀 길을 잃은 듯한 기분이었다. 완벽이라는 허상을 쫓다 보니 나를 향한 질문들은 되돌아오기를 반복했다. "이 길이 정말 맞는가?", "완벽이란 무엇인가?" 하지만 그 물음에 답할 수 없었다. 미로 속을 헤매는 듯한 불안은 나를 점점 더 깊은 곳으로 이끌었다.

나의 완벽주의는 가정에서도 여지없이 드러났다. 책상은 언제나 정리되어야 하고 사용한 물건은 제자리에 돌아가야만 마음이 놓였다. 설거지는 바로 끝내야 했고 빨래는 매일 해야 했다. 옷은 완벽하게 접혀 있어야 했으며 아내가 접은 옷이 마음에 들지 않으면 다시 펼쳐서 접었다. 그 작은 행동들이 내 아내에게는 커다란 스트레스로 다가왔고 늘 곁에서 그것을 지켜보던 아이들마저도 의아한 눈으로 나를 바라봤다.

그러던 어느 날 아이들이 내게 물었다. "아빠, 왜 그렇게 해? 그렇게 하면 피곤하지 않아?" 그때 나의 모든 행동이 아이들 앞에서는 그저 작은 실수에 지나지 않는다는 것을 깨달았다. 식탁 위에 놓인 책이나 책상 위의 장난감도 이들에게는 그저 자연스러운 일상이었다. 아이들은 나의 엄격한 기준이 얼마나 인위적이고 불필요한지를 말없이 보여주었다.

순수한 질문들이 내 마음에 파문을 일으켰다. "완벽해야만 행복한 것일까?"라는 물음이 머릿속을 떠나지 않았다. 나는 아이들의 눈을 통해 내 고집스러움을 비추어 보았다. 그리고 그 속에서 나는 비로소 완벽하지 않아도 괜찮다는 진정한 여유와 용서를 배우기 시작했다.

처음에는 모든 문제의 원인을 나 자신의 성격에서만 찾았다. 그러나 그것이야말로 가장 위험한 생각이었다. 삶은 단순하지 않다. 사람들 사이의 갈등과 오해는 다양한 요인에서 비롯된다. 나뿐만 아니라 상대방, 그리고 우리가 처한 환경과 상황 모두가 문제의 일부분일 수 있다. 그래서 '널 위하는 마음'에서 나온 조언과 충고들은 오히려 나를 더 깊은 혼란 속으로 밀어 넣곤 한다. 특히 직장에서 상급자의 말은 그 무게만큼이나 내면의 동요를 증폭시킨다. 그들의 한마디가 마치 내 성격에 본질적인 결함이 있는 것처럼 느껴지게 만든다. 그리고 자신을 의심하는 순간, 내 안의 혼란은 걷잡을 수 없이 커져만 간다.

우리는 이러한 충고와 조언을 맹목적으로 받아들이지 말아야 한다. 그들의 말이 진심에서 비롯된 것인지 깊은 성찰의 결과인지 의심해야 한다. 그렇지 않으면 우리는 타인의 목소리에 갇혀 스스로를 잃어버리기 쉽다. 마찬가지로 우리가 누군가에게 조언을 건넬 때도 신중해야 한다. 우리는 그 사람의 모든 것을 알지 못한다. 깊이 이해하지 못한 채 내뱉는 조언은 때로 칼날이 되어 의도치 않게 상대의 마음을 베어낼 수 있다.

# 대인관계의 교감 속에서
# 성격의 다채로운 면모가 드러난다

우리의 성격은 대인관계와 깊은 연관이 있다. 직장 상사, 친한 친구, 가족과의 친밀한 순간이나 어린아이, 노인과 만남에서 우리는 자신도 모르게 조금씩 혹은 때로는 뚜렷하게 변모하는 모습을 발견할 수 있다. 성격은 그 순간마다 다채로운 빛깔로 변주를 이루며 상대방에 따라 그 모습이 끊임없이 변하고 흐른다. **대인관계와 성격은 서로 얽히고설킨 실타래처럼 떼어내려 해도 결코 분리할 수 없는 존재들이다.** 사람들과의 교감 속에서 우리는 때로 자신을 드러내고 때로는 감추며 그 과정에서 성격의 다채로운 얼굴이 자연스럽게 드러난다. 성격이란 관계의 무대에서 빚어지고 다듬어지는 하나의 예술작품과도 같다. 사람들과의 상호작용은 우리 내면의 여러 면모를 끌어내어 마치 조각가가 대리석 속에서 형태를 찾아내듯 성격을 고유한 형태로 완성해 나간다.

변화를 받아들이는 용기가 있다면 성격조차도 새롭게 빚어낼 수 있다고 믿는다. 다시 말해 나의 성격적 결점도 변화의 씨앗을 품고 있다. 모든 변화를 시작하는 것은 나에 대한 깊은 사랑과 이해에서 비롯된다. 더는 문제를 내 탓으로 돌리며 자신을 괴롭힐 필요는 없다. 내 안의 불완전함조차도 따뜻하게 감싸안아 보자.

나 자신에게 더 너그러워지기를. 그리고 나를 진정으로 이해하려고 애쓰기를. 무엇보다도 나를 깊이 사랑하기를 바란다. 내 안의 어둠과 빛을 모두 껴안으며 내가 누구인지를 온전히 받아들이자. 나를 가장 잘 아는 이는 바로 나 자신이라는 사실을 잊지 말자. 이 진리를 마음 깊이 새기며 나는 나의 부족함조차도 사랑할 수 있는 길을 찾기 위해 끊임없이 노력할 것이다. 그 길 위에서 우리는 나 자신을 온전히 받아들이고 삶의 진정한 아름다움을 발견할 수 있다.

# 행복은
# 상대적인 것인가?

"행복은 주어진 상황이 아니라, 그것을 어떻게 받아들이느냐에 달려 있다."

– 헬렌 켈러

"진정한 행복이란 무엇일까?"

이 물음은 오래도록 마음의 깊은 곳에 자리 잡아 온 화두이다. 사람마다 행복의 기준은 저마다 다르고 그 기준은 각자의 삶의 여정과 가치관에 따라 다채롭게 변주된다. 어떤 이에게는 출퇴근 길에 편하게 차를 타고 가는 것이 일상에서의 작은 기쁨일 수 있지만 다른 이에게는 그 길을 걸으며 건강을 챙기는 것이 오히려 소소한 행복일 수 있다. 행복은 그 본질이 상대적이며 각자의 삶의 맥락 속에서 그 의미를 찾아야만 한다.

행복은 우리가 쫓아야 할 먼 대상이 아니라, 이미 우리 삶 속에 스며든 존재다. 내가 행복이라 느끼는 순간들이 다른 이에게는 낯설게 다가올지라도, 우리는 결국 모두가 공통적으로 추구하는 몇 가지 소박한 기쁨 속에서 행복을 찾으려 한다. 그것은 바로 부, 명예, 그리고 건강이다. 부는 우리의 삶을 안정시키고 명예는 우리의 자존감을 세우며 건강은 그 모든 것을 누릴 수 있는 기반이다. 그러나 이러한 범주들이 진정한 행복을 보장하는 것일까? 부는 유린될 수 있고 명예는 허망한 그림자일 수 있으며 건강은 언제든 흔들릴 수 있다. 그런데도 우리는 이 세 가지를 마치 인생의 숲에서 길을 비추는 별빛처럼 소중히 여긴다. 이 별빛은 때로는 희미하게 때로는 눈부시게 밝아 우리의 길을 인도하며 우리의 발걸음을 더디게 또는 빠르게 만든다.

봄의 꽃잎이 흩날리고 여름의 문턱에 서 있던 2019년 5월. 부모님은 오랜 세월 강인한 의지로 삶의 폭풍을 견뎌왔고 이제 그들의 인생은 한없이 고요한 일상 속에 피어났다. 이 평화가 영원히 계속되기를 간절히 기원하며 세상의 소란을 멀리한 채 소박한 행복 속에서 하루하루를 조용히 보내고 있었다.

그런 평온의 나날 속 아버지에게서 전화가 걸려왔다. "영신아, 정말 괜찮은 사업이 있어서 시작해 보려고 하는데 투자 좀 해줄 수 있겠니?" 아버지의 목소리에는 오랜만에 설렘과 흥분이 섞여 있었다. 지인이 건설업을 하는데 그와 함께 동업자로서 새로운 길을 열어보겠다는 이야기였다. 나는 걱정이 마음을 덮었다. 15년 넘게 생활용품을 판매하시던 아버지가 갑자기 사업에 뛰어든다는 소식은 불안감을 자아냈다. 지인이라는 이유만으로 아버지에게 파격적인 조건을 제시한 그 동업자도 신뢰할 수 없었다. 그런데 그 동업자는 사무실과 법인 차량, 적지 않은 급여까지 제안하며 아버지를 끌어들이고 있었다.

나는 아버지에게 신중을 기해보자고 말했지만 이미 마음을 굳힌 아버지를 돌이키는 것은 불가능했다. 동업자는 투자 계약서까지 들고 와서 미래의 가치를 설명하며 신뢰를 주려고 애썼고 아버지는 간절한 눈빛으로 나에게 한 번만 믿어달라고 부탁했다. 깊은 고민 끝에 나는 아버지의 소망을 존중하기로 하고 5천만 원을 투자했다.

결론부터 말하자면 그 돈은 돌려받지 못했다. 앞으로도 돌려받을 가능성은 희박하다. 동업자는 다양한 사업의 어려움을 핑계로 좌절하였고 그 과정에서 아버지의 건강도 급격히 악화하였다. 매일 쌓여가는 스트레스에 짓눌린 아버지의 목에는 작은 혹이 모습을 드러내기 시작했다. 한없이 미루던 병원 방문은 결국 피할 수 없는 현실이 되었고 그날의 진단은 마치 긴 침묵을 깨는 비명처럼 다가왔다. 아버지는 갑상선 암 진단을 받았다.

## 내가 지키고자 했던 소중한 것들 속에서 진정한 행복의 의미를 발견할 수 있다

이 이야기는 부와 건강이 언제든 사라질 수 있다는 사실을 내 삶에서 직접 경험한 이야기다. 내 삶이 불행하다고 생각하는가? 속상하지 않았다고 한다면 그것은 거짓말일 것이다. 어찌 속상하지 않았겠는가? 하지만 이 경험에서 내가 얻은 것은 돈도 아니고 사업의 성공도 아니다. 내가 얻은 것은 '아버지'였다. 만약 내가 투자를 하지 않았더라면 아버지는 제3금융권에서 폭탄 같은 이율로 대출을 받아야 했을 것이고 그렇게 되었더라면 결국 버티지 못했을 것이다. 내가 잃은 것만큼 아니 그 이상으로 아버지를 지켜낼 수 있었다는 사실에 나는 깊은 감사의 마음을 느낀다. 이 경험은 고통 속에서도 보석처럼 빛나는 진실을 가르쳐 주었다.

**때로 행복은 우리가 소망했던 것들이 성취되는 결과가 아니라 우리가 지키고자 했던 소중한 것을 끝내 지켜낸 그 과정에서 빛을 발한다.** 내게 있어 아버지를 지켜냈다는 사실은 금전적 손실 이상의 깊은 가치로 다가온다. 이 경험을 통해 나는 진정한 행복의 본질을 배웠다. 이러한 행복의 조건들이 우리의 삶의 궤적을 그려가듯 우리는 각자의 방식으로 그 길을 걸어가고 있다. 길 위에서 우리는 부를, 명예를, 건강을 바라보며 행복을 꿈꾼다. 그러나 어쩌면 진정한 행복은 그 길을 걸으며 순간순간 느끼는 작은 기쁨들, 우리가 지나치기 쉬운 소소한 순간들 속에 숨어 있을지도 모른다.

행복은 우리의 마음속에 내재된 깊은 바람일 뿐만 아니라 우리의 삶 그 자체일 수도 있다. 그리고 그 삶을 어떻게 바라보고 어떻게 느끼느냐에 따라 우리의 행복도 달라질 것이다. 행복이란 이처럼 다채롭고 복잡한 그림이며 그 그림을 그리는 붓은 결국 우리 자신의 손에 달려 있다.

지금의 행복은 진정한가?

그렇다. 나는 진정 행복하다.

# 삶의 행복과 균형에 대하여

- 돌아본다는 것은 삶의 바쁜 흐름 속에서 잠시 멈추고 자신을 보는 시간을 가지자는 의미입니다. 이러한 시간은 자신이 어디로 가고 있는지, 무엇이 중요한지, 어떤 가치를 추구해야 할지에 대해 생각해 볼 중요한 기회입니다.
- 자신을 돌아볼 시간을 얼마나 자주 가지고 있나요?
- 자신을 돌아보는 시간이 얼마나 중요한지 느낀 순간이 있나요?

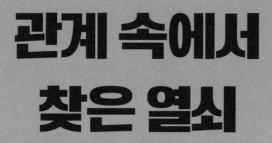

# 관계 속에서
# 찾은 열쇠

나와 너, 함께 성장하는 대화의 힘

4장

The key to the future

# 소통은 궁금함에서
# 시작된다

"궁금한 마음이 대화를 열고, 대화가 더 깊은 이해를 만든다."

- 안젤라 더크워스

우리가 살아가는 오늘을 한마디로 부른다면 아마도 '인공지능의 시대'일 것이다. 모든 일이 사람의 손길을 거치지 않아도 자연스레 이루어진다. 기계는 인간의 손과 발이 되고 알고리즘은 우리의 선택을 미리 읽어낸다. 그러나 그 모든 첨단 속에서도 변하지 않는 진실이 있다. 세상은 여전히 그리고 반드시 사람과 사람이 만나 어우러져 살아가는 곳이라는 점이다. 기계가 아무리 진보해도 사람의 마음을 읽고 그 온기를 나누는 일은 오직 사람만이 할 수 있는 일이다.

지난날의 나는 '선택적 소통' 혹은 '필요에 의한 소통'만을 해왔던 사람이다. 윗사람들과의 관계에서는 어떻게든 좋은 인상을 주기 위해 그들의 취향을 세심하게 살피고, 예상되는 질문까지 철저히 대비하곤 했다. 그러나 아랫사람들에겐 무관심했다. 그들이 조심스럽게 다가와 질문을 던지면, 나는 짧은 대답으로 대화를 자주 끊어버리곤 했다.

상위 기관에서 점검을 목적으로 방문한다는 공문이 접수되었다. 인사 심의의 공정성 등 인사업무 전반을 점검하는 일정이었다. 내가 근무하는 곳과 차로 약 세 시간 거리였기에 숙박을 하며 1박 2일 일정으로 점검을 한다고 했다. 나는 전화를 걸어 숙소는 어디로 정했는지 물었고 아직 정하지 않았다면 적당한 곳을 준비하겠다고 제안했다. 그리고 좋아하는 음식과 취미를 조심스럽게 물었다. 나의 세심한 배려가 조금 과하게 느껴질 수도 있었겠지만, 상급자는 그 관심을 기분 좋게 받아들였다.

점검이 끝나고 저녁 시간이 되자 상급자가 한식을 좋아한다는 정보를 활용해 한식당을 소개했다. 주변에 식당이 많았지만, 그곳만큼 후회 없는 선택은 없을 것이라며 자신 있게 권유했다. 그리고 그가 아침을 꼭 챙겨 먹는다는 이야기를 들었기에 이른 새벽 문을 여는 식당을 확인 후 리스트화 하여 제공했다. 이런 나의 노력이 얼마나 보탬이 되었는지는 지금도 알 수 없다. 다만 내가 근무하는 부서는 우수하게 평가받았고 그 상급자는 나를 친절하고 배려 깊은 사람으로 기억하게 되었다. 이것은 '필요에 의한 소통'의 전형적 예다. 늘 내 시선은 아래보다는 위를 향하고 있었다. 마음은 언제나 높은 곳에 머물고 세심한 관심과 친절한 배려는 어딘가 의도된 모습으로 채워졌다. 그저 관심을 얻고자 한 내 소통의 방식이었다.

중간 관리자의 위치에 있을 때도 내 시선은 늘 위를 향했다. 그 결과 실무자들 사이에서 나는 말수가 적고 재미없는 사람으로 비쳤고 그들에게 있어 나는 어려움 속에서 조언을 구할 대상이 아닌 피해야 할 존재가 되어버렸다. 하급자들에게 내 말투는 언제나 차가웠다. 예를 들어 진행 중인 업무에 대해 고민이 생겨 나를 찾아온다면 따뜻한 조언이나 경험을 나누기보다는 그저 법과 행정규칙에 따라 판단하라며 짧게 답을 끊고 말았다. 지금 와서 그 모습을 돌아보면 나의 소통은 일방적이었고 진정한 교감은 찾아보기 어려웠다. 필요한 관계만 유지하려 했던 그때의 나는 어쩌면 타인을 위한 소통이 아닌 나 자신만을 위한 소통을 하고 있었는지도 모른다.

## 상대방의 감정과 마음에 집중할 때 깊고 진실된 소통을 할 수 있다

사람과의 소통은 결코 일방적이어서는 안 된다. 참된 소통이란 서로의 마음이 오가는 양방향의 대화다. 내가 원하는 것을 일방적으로 강요한다고 해서 결코 소통이 깊어지지 않는다. 그래서 내가 생각하는 소통의 첫걸음은 '상대방을 궁금해하는 것'이다.

누군가에게 진정한 관심이 있다면 대화할 때 무엇보다 그 사람의 감정에 집중하자. 요즘 효과적인 소통 방법이나 다양한 대화 스킬이 곳곳에서 이야기되지만 내가 전하고 싶은 건 단 하나다. 바로 상대를 '궁금해하기'다. **소통의 깊이는 이 궁금함에서 시작되고 마음과 마음이 닿는 진정한 대화를 가능하게 한다.**

감정은 마음이 남긴 발자취와 같다. 진정으로 누군가에게 관심이 있다면, 그가 향하는 방향을 조용히 지켜본다. 마치 바람에 스치는 잎사귀 하나도 놓치지 않으려는 듯, 그의 걸음을 따라 마음의 결을 읽어내고, 그가 지나간 자리에 남겨진 보이지 않는 그늘과 빛의 온도를 섬세하게 느껴야 한다. 마음이 간다는 건 나의 소중한 시간을 그 사람에게 기꺼이 내어주고 있다는 뜻이다. 우리의 삶에서 가장 유한한 것이 바로 시간이다. 그 시간을 한 사람에게 투자한다는 것은 결코 가벼운 일이 아니다. 이는 그 사람을 향한 진심 어린 애정의 표현이다. 감정에 집중하면 대화는 억지로 이어지지 않는다. 마음이 머무는 곳에서 질문은 자연스럽게 흘러나오고 그 질문은 또 다른 질문을 불러일으키며 끝없이 이어진다. 말이 끝나지 않는다는 것은 서로를 더 깊이 알고 싶은 마음이 살아있다는 증거다. 이렇게 할 때 집중된 관심은 그 어떤 무수한 관심보다 깊고 진실하며 오래 지속된다.

우리는 지금 그리고 더 깊이 사람에게 집중해야 한다. 차갑고 정교한 기술의 틈새에서 우리가 만나고 소통하는 일은 소중하고 그 마음을 나눌 때 비로소 진정한 교감이 시작된다. 그래서 나는 사람과의 관계 안에서 소통을 탐구하고 배우는 일이 당연하고도 소중하다고 믿는다. 서로의 마음을 바라보고 이해하는 그 순간이야말로 기계가 결코 대신할 수 없는 인간의 진정한 예술이다.

# 삶의 방향을 바꾸는
# 따뜻한 한마디

"가장 큰 변화는 종종 작은 말 한마디에서 시작된다."

- 헨리 제임스

인간의 삶은 마치 밤하늘의 별과 별 사이에 놓인 미세한 틈처럼, 수많은 관계의 그물망 속에 엮여 있다. 우리는 그 그물 속 작은 점일 뿐이지만, 각자의 삶과 감정은 보이지 않는 실로 서로를 당기고 밀며 끊임없이 얽힌다. 때로는 따뜻한 빛으로, 때로는 어두운 그림자로 서로의 존재를 비추지만, 그 모든 경험 속에서 우리는 결국 답을 찾아낸다. 그 답은 관계의 울림 속에서 얻어지고, 그 울림이야말로 내가 나아갈 길을 안내하는 나침반이 되어준다.

내가 인생에서 가장 소중히 여기는 것 중 하나는 바로 '사람과 사람의 만남'이다. 서로 다른 두 사람이 또는 그 이상의 사람들이 만나 얽혀가는 순간 만남과 연결에서 피어나는 시너지가 얼마나 삶을 빛나게 변화시키는지 나는 경험했다. 한 사람의 존재가 다른 이의 세상을 살며시 흔들고 그 울림이 인생의 물결을 얼마나 깊이 긍정적으로 물들일 수 있는지 말이다.

몇 년 전. 나는 사고자를 관리하는 책임자로 근무했다. 여기서 말하는 사고자란 처벌을 받았거나 비위 사실이 드러나 처벌을 앞둔 이들을 의미한다. 어쩌면 그들에게 이곳은 잠시 머물다 가는 버스정류장과 같을지 모른다. 그러나 나에게는 그들이 더 깊은 나락으로 빠지지 않도록 이끌고 관리해야 할 중대한 책임이 있었다. 어떻게든 이들이 모든 처벌을 마친 후 다시 일상으로 돌아가 평범한 삶을 살 수 있도록 돕는 것이 나의 사명이었다.

이들은 짧게는 한 달에서 길게는 1년 이상 이곳에서 기다림의 시간을 보낸다. 이곳에 발을 들이면 나와의 면담을 시작으로 그들이 지켜야 할 규칙에 대한 교육이 이어진다. 그러나 각자의 상처를 안고 온 이들과 만남 속에서 대화는 어렵다. 아무리 좋은 말을 건넨다 해도 그들에게 닿기는 어려운 법이다. '문제'가 있다고 찍힌 상황에서 누군가의 조언이나 훈계가 들려오는 순간 마음은 거친 파도에 부딪힌 듯 불편해지기 때문이다. 내 안의 상처가 아직 다 아물지 않았는데 누군가의 목소리가 그 상처를 더듬는 듯한 느낌이랄까. 훈계는 비수처럼 날카롭고 조언은 돌멩이처럼 무겁다. 그래서일까. 수사나 조사를 받는 사람들은 그늘진 마음을 품고 있으며 어둠의 기운이 항상 그들을 감싸고 있다. 그들은 쉽게 웃음을 지을 수 없고 면담을 할 때마다 열에 아홉은 억울함에 대한 분노와 상실감으로 가득 차 있다. 자신의 이야기를 하고 싶어 하지도 않는다. "별로 이야기하고 싶지 않습니다.", "그냥 조금 쉬면 안 될까요?" 등의 이야기는 이곳에서 너무나 자연스러운 대화였다.

그렇다고 이런 상황을 그저 인정하고 아무것도 하지 않을 수는 없었다. 그들의 재출발을 위한 작은 발판이 되어주고 잃어버린 자존감을 되찾는 길을 함께 걷고 싶었기 때문이다. 하지만 그렇게 하려면 내가 그들에 대해 더 깊이 알아야 했고 결국 그들이 내게 마음을 열 수 있도록 해야 했다. 고민하던 끝에 나는 조금 먼발치에서 그들을 관찰하기로 했다. 변호사와의 접견 시간을 제외하고 대부분은 휴대폰을 들여다보거나 책을 읽거나 그저 누워 있는 모습이었다. 그러나 한 시간마다 바깥바람을 맞으러 나오는 모습을 확인할 수 있었다. 담배를 피우는 이도 있었지만, 그보다도 답답함을 견디지 못하고 나오는 이들이 더 많았다. 그리고 그들의 손에는 항상 종이컵이 있었다. 바로 커피였다.

그 순간 나는 이들에게 더 가까이 다가갈 방법이 떠올랐다. '세상에서 가장 고급지고 맛있는 커피를 대접하자!' 아내가 나의 발령을 축하하며 선물해 준 핸드드립 커피 세트가 떠올랐다. 커피 원두를 넣고 손으로 정성껏 갈아내는 그라인더, 드리퍼, 서퍼, 포트 등 모든 준비가 이미 되어 있었다. 당시 관리하는 사고자는 열일곱 명이었다. 하루에 두 명씩만 만나기로 계획했다. 오전 한 명 오후 한 명. 이렇게 그들에게 온전히 집중하고자 했다.

먼저 커피 한잔하자고 이야기하며 A를 불렀다. 평소 가장 걱정이 되었던 인물이다. 그의 표정이 평소 너무 어두웠기 때문이다. 당장 무슨 사고라도 일어날 것만 같은 그늘이 드리워져 있었다. A는 나보다 11살이나 어렸다. 어린 마음에 처벌이라는 짐을 감당하기 어려웠을 것이란 생각도 들었다. 그래서 나는 가장 먼저 커피를 핑계로 깊은 이야기를 나누고 싶었다. "들어가도 되겠습니까?" A가 사무실로 들어왔다. 나는 반갑게 맞이하며 그를 소파에 앉히고 커피를 내리는 과정을 보도록 했다. 원두를 갈고 드리퍼에 정성껏 내려지는 커피의 향이 사무실을 가득 메웠다. 완성된 커피는 종이컵이 아닌 머그컵에 담아 주었다. 라탄 재질의 컵 받침까지 곁들여 커피를 건넸다. 이 모든 과정을 보여준 것은 내가 당신에게 최고의 커피를 대접하기위해 정성을 다하고 있다는 사실을 알리기 위함이었다. 나는 A의 마음속에 잃어버린 여유와 따뜻함이 깃들기를 바랐다. 커피를 건넨 후 나는 아무 말도 하지 않았다. 그저 A가 먼저 말을 걸어주기를 바랐다. 내가 질문을 던지는 순간 그의 마음이 다시 굳게 닫힐지도 모른다는 두려움이 있었기 때문이다. 그때 내 마음을 읽기라도 한 듯 A가 먼저 입을 열었다. "커피 너무 맛있습니다. 최근에 마셔본 커피 중 가장 맛있어요." 나는 그저 미소를 지으며 이런 커피를 꼭 대접하고 싶었다고 대답했다.

그렇게 대화가 시작되자 수차례의 질문과 답변이 오갔다. A는 내 책상 위에 놓인 책들을 바라보며 다시 말을 건넸다. "책 읽는 걸 좋아하십니까? 저도 책을 정말 좋아합니다." A는 독서를 사랑하는 친구였다. 나는 그때 다독을 목표로 읽고 있는 책에 관해 이야기하며 우리의 공통된 관심사에 대한 기쁨을 나누었다. 책으로 이야기를 나누다 보니 한 시간이 금세 흘러갔다. 순간 나는 독서 동아리를 운영하는 선배가 떠올랐다. 그 선배는 독서로 삶을 변화시킨다는 큰 사명감이 있었기에 이 둘을 만나게 해준다면 긍정적인 효과가 있을 것이라 믿었다. A의 눈빛이 조금씩 밝아지는 것을 느끼며 나도 그 가능성에 가슴이 두근거렸다.

## 누군가의 따뜻한 지지와 격려가 내면의 어둠을 밝히는 등불이 된다

A는 독서 동아리에 참가했다. 그리고 독서 동아리를 운영하는 선배가 진행하는 강의를 따랐다. '독서로 삶을 변화시킨다.'라는 그의 메시지는 A의 마음에 깊이 새겨졌다. 둘은 점점 가까워지며 함께하는 시간이 늘어났고 그 과정에서 A가 창업에 대한 큰 열정을 품고 있다는 사실을 알게 되었다. 마침 그 선배는 국방부 창업 경진대회를 준비하고 있었고 A를 팀에 초대하게 되었다. 그 팀은 A와 같은 창업 준비 경험을 가진 인재를 필요로 했던 터라 그들은 밤낮을 가리지 않고 대회를 준비했다.

그들의 노력은 결실을 맺었다. 국방부 스타트업 대회에서 최우수상을 받으며 영광의 무대에 올랐다. 한때 '사고자'로 비쳤던 A가 이제는 환한 조명 아래 당당히 서게 되었다. 마치 어둠 속에 갇혔던 삶이 다시 피어나는 순간처럼 그의 길은 새로운 빛을 찾았다. A의 변화는 단순한 성취가 아닌 잃어버린 자존감을 되찾고 더 나아가 새로운 미래를 향해 나아가는 시작이었다.

**사람과의 관계는 우리의 정서와 행동에 깊은 흔적을 남긴다.** 강물의 흐름이 주변 풍경을 바꾸듯 관계의 맥락은 우리의 감정과 사고를 형성하며 결국엔 삶이 흘러가는 방향과 줄기를 바꾼다. 누군가의 따뜻한 한마디는 차가운 겨울날의 햇살처럼 우리의 마음을 녹여주고 새로운 희망을 불어넣는다. 어떤 사람의 지지와 격려는 고난의 순간에 우리를 지탱하는 힘이 되어 내면의 어둠을 밝히는 등불이 된다.

사람과의 연결은 우리의 삶을 깊고 풍요롭게 만들어주는 핵심 요소다. 그것은 우리의 정서를 비추는 거울이자 삶의 의미를 찾는 여정에 동행하는 동반자가 된다. 우리는 서로의 존재 속에서 감동과 위로를 얻으며 그 존재 속에서 자신의 정체성과 의미를 발견할 수 있다.

# 기다림과 진정성이 만든
# 해결의 길

"해결의 길은 빠르게 도달할 수 없지만,

기다림과 진정성으로 점차 밝혀진다."

- 아리스토텔레스

    사람 사이의 갈등 중 절반은 오해에서 비롯된다. 오해는 너무 쉽게 싹튼다. 서로를 알 수 없는 존재인 우리는 때로는 아무런 이유 없이도 오해를 일으킨다. 특히 처음 만난 사람과의 관계에서는 오해가 뿌리내리기 쉬워 그 작은 어긋남이 감정의 틈을 만들어낸다.

    새로운 근무지로 발령을 받았던 때가 떠오른다. 출근한 지 7일 차가 되던 날 상황근무를 서게 되었다. 동료들이 퇴근한 후부터 이른 아침 출근 시간까지 혹시라도 발생할지 모르는 사건을 관리하고 유지하는 임무였다. 아무 일 없이 지나간다면 그저 고요한 밤이겠지만 만약 상황이 발생한다면 고요 속에 긴박함이 찾아오는 근무였다.

물론 상황만 관리하고 유지하는 것만이 다는 아니었다. 때로는 부서장으로부터 업무를 추가로 받곤 했다. 나 역시 그랬다. 야간에 진행되는 교육 훈련 현장을 예고 없이 점검하라는 지시였다. 처음 맡은 임무였기에 마음 한편에 '잘 해내야 한다.'라는 다짐이 무겁게 자리 잡았다. 나는 하나씩 꼼꼼히 살폈다. 복장은 잘 갖추었는지, 안전 대책은 강구되었는지, 훈련이 계획에 따라 차질 없이 이루어지고 있는지, 열외가 된 인원은 없는지 등 모든 것을 내 눈으로 직접 확인했다. 그리고 그 결과를 아침에 현상 그대로 보고했다. 모든 인원에게 내 보고가 공개되었고 나는 나름 임무를 무사히 완수했다는 뿌듯함에 잠시 젖어 들었다.

뿌듯함의 취함이 채 가시기도 전 사무실 문이 요란하게 열리며 선임인 Y가 소리를 질렀다. "도대체 어떤 놈이야!" 그는 교육 훈련을 총괄하는 책임자였고 자신의 업무에 관한 이야기가 자신도 모르게 상급자에게 보고된 일에 격분해 있었다. 부임한 지 얼마 되지 않은 나로서는 그런 사무실의 분위기와 질서를 미처 알 수 없었다. 그저 맡은 임무를 잘 수행하고 충실히 보고하겠다는 생각뿐이었다. 그러나 그 일 하나로 나는 Y에게 '건방진 신입'으로 낙인찍히고 말았다. 새로운 근무지에서 선임과의 첫 만남이 만들어낸 오해는 더욱 무거운 짐으로 다가왔다.

어떻게든 이 관계를 풀어보고자 마음을 다잡았다. 진솔하게 마음을 터놓고 이야기를 나누는 순간이 필요하다는 생각이 간절했다. 그러나 그와의 접점은 쉽게 생기지 않았고 대화를 나눌 기회조차 내게 허락되지 않았다. 오해와 침묵 사이에서 그의 무거운 시선이 나를 짓누르는 듯했다. 어떤 일을 하더라도 그의 간섭은 더해져 일은 한층 더 복잡해지고 어려워지기만 했다. 선임의 눈에 띄는 작은 행동조차 나를 더욱 지치게 했고 나는 그의 시선과 태도 속에서 점점 길을 잃어가는 듯했다. 나는 사람과의 관계를 매끄럽게 풀어가는 능력이 부족했고 이제 일을 시작한 신입과 다를 바 없었다. 누구에게 조언을 구해야 할지도 몰랐고 이 상황에서 손을 잡아줄 사람도 떠오르지 않았다. 선임 Y의 눈에 띄지 않기 위해 멀찍이 물러선 채 조심스럽게 행동할 수밖에 없었다. 길을 가다가 Y가 보이면 돌아서고 멈추었다가 지나간 것을 확인하고 걷기도 했다. 그와 마주칠 때마다 가슴에 무거운 돌이라도 얹은 듯 답답함이 밀려왔다.

그러던 어느 날 다른 사무실에 업무 협조를 위해 걸어가던 중 문득 Y가 보였다. 나는 늘 그랬듯 발걸음을 멈추고 그 자리에 머물렀다. 그런데 그가 P와 즐겁게 대화를 나누는 모습이 보였다. P는 내게도 따뜻하게 대하던 선배였다. 순간 나는 Y와의 접점을 발견한 듯했다. 마음을 가다듬고 P에게 조심스럽게 상담을 청했다. 상황근무를 하면서 교육 훈련 점검과 보고까지. 내가 겪은 모든 상황을 털어놓으며 Y와의 오해를 풀고 싶다는 진심을 전했다. P는 내 이야기를 다 듣고 난 후 Y에게 가서 내 마음을 전해주겠노라 했다.

그날 저녁 Y로부터 연락이 왔다. "잠시 볼 수 있을까?" 1개월 만에 처음으로 Y와 마주 앉아 대화를 나누게 되었다. 그는 편견 없이 내 이야기를 들어주었고 내 진심을 느낀 것인지 "앞으로는 잘해보자!"라고 말했다. 그제야 알았다. 사람 사이의 관계를 풀어주는 것도 결국 사람이라는 것을. 나와 Y의 오해를 풀어준 건 다름 아닌 진심을 나눈 사람의 마음이었다.

## 상대방이 마음을 열 때까지 기다리고
## 진심으로 다가가는 것이 갈등 해결의 길이다

조직 내에서 갈등은 개인의 삶에 지대한 영향을 미친다. 특히 상급자와의 갈등은 그 무게가 더욱 크다. 상급자와의 갈등이 심화되면 출근하는 것조차 악몽이 된다. 갈등을 풀어가는 과정은 마치 복잡하게 얽힌 실타래를 푸는 일과도 같다. 처음의 작은 엇갈림이 언젠가 커다란 매듭이 되어 풀리지 않은 채로 마음을 무겁게 만든다. 이 실타래를 풀어내는 데 필요한 것은 바로 '대화'라는 열쇠고 그 대화는 사람이 만들어준다. 대화는 서로의 오해를 천천히 풀어가며 묶인 마음을 이완시키는 마법 같은 힘을 지니고 있다. 그러나 모든 갈등이 대화를 시도한다고 해서 해결되지는 않는다. **상대방의 관점에서 진정 대화가 가능할지 살펴보아야 한다.** 마음과 마음 사이에 통로가 생기도록 서로를 향해 문을 열어두자. 그러기 위해서는 나부터 마음을 열고 다가가야 한다. 다소 더디더라도 상대의 마음이 열릴 때까지 기다리다 보면 갈등을 풀 기회가 다가오기 마련이다.

진심으로 다가가 기다리기.
그 진정성이 상대방의 마음을 열어줄 것이다.

# 이름을
# 불러주는 것의 의미

"이름을 불러주는 것은 그 사람의 존재를 인정하는 가장 깊은 표현이다."

- 헨리 데이비드 소로

"당신은 함께 일하는 모든 사람의 이름을 알고 있는가?"

옛말에 이런 말이 있다. "호랑이는 죽어서 가죽을 남기고 사람은 죽어 이름을 남긴다." 그만큼 이름이라는 것은 한 사람의 존재를 증명하는 무게 있는 표식이다.

'이름'하면 S 선배가 떠오른다. 그는 직장 내에서 흔히 말하는 잘나가는 위치에 있지는 않았지만 맡은 바 업무에 대해 창의적으로 고민하고 발전시키는 그런 선배였다. 특히 그의 기획 능력은 정말 본받을 만했다. 상급자가 한 가지를 요구하면 그는 늘 세 가지 이상의 대안을 생각해 냈고 요구한 것보다 훨씬 더 넓은 시각으로 준비하는 능력이 있었다.

그렇게 매번 일을 처리하는 모습은 때로 고통스러워 보이기도 했다. 적당히 처리하면 더 빨리 일을 끝낼 수 있고 자신만의 시간을 더 가질 수 있을 텐데 S 선배는 그런 길을 선택하지 않았다. 그를 모르는 주변의 몇몇 사람들은 그가 승진을 염두에 두고 그렇게 노력하는 것이라고 쉽게 판단하기도 했다. 하지만 나는 그의 성격을 알기에 그렇게 생각하지 않았다. 그저 그의 진정한 성공을 바랐다. 그의 노력은 단순한 업무 처리 방식이 아니라 삶을 대하는 태도이자 진정한 열정의 발현이었으니까. S 선배의 그러한 태도는 나에게도 작은 울림을 주었다.

1년 동안 쌓아온 노력의 결실을 맺는 날. 승진 발표일이 다가왔다. S 선배는 지금껏 열심히 해왔기에 그의 승진은 당연하리라 생각했다. 하지만 승진자 명단을 보고 고개를 숙일 수밖에 없었다. S 선배의 이름이 없었다. 그동안 쏟아부은 그의 열정과 땀방울이 공허하게 느껴졌다. 오히려 주변의 시선이 그를 감싸며 무겁게 다가왔다. 모두가 조심스레 분위기를 살피고 나조차 그럴 수밖에 없었다. S 선배가 자신의 자리에서 세상을 더욱 넓고 깊게 보려 했던 그 마음. 그리고 그가 쌓아온 경로는 이제 어디로 향할지 알 수 없었다. 어떻게 해야 하는지에 대한 질문이 내 머릿속을 맴돌았다. 보통 이런 순간이 오면 한 걸음 뒤로 물러서거나 모든 것을 내려놓고 싶어지기 마련이다. 열심히 한 것에 대한 보상을 받지 못했다고 생각할 수도 있고 기대한 결과가 나오지 않아 실망감이 스며들기도 한다. S 선배가 그러한 행동을 한다 해도 주변 사람들은 충분히 이해할 수 있을 것 같았다. 하지만 여러 사람의 예상과 달리 그의 행동은 변함이 없었다.

바보 같아 보였다. 승진도 되지 않았고 잠시 숨을 고르며 다음을 준비해도 될 텐데 그는 여전히 야근에 주말 출근까지 하며 일했다. 나 역시 선배를 응원하고 있었지만, 그의 그런 열정을 이해할 수 없었다. 조용히 다가가 마음속의 질문을 꺼냈다. "이렇게까지 안 해도 될 것 같은데 왜 그렇게까지 열심히 하세요?"

그의 대답은 간단하고도 명확했다.

## "상급자가 내 이름을 불러줬다."

그 순간 그의 말 속에 담긴 자부심과 책임감이 나를 강하게 울렸다. S 선배의 이름을 불러준 그 상급자의 아래에는 8천 명이 넘는 사람들이 있었다. 이 조직에서 이름 대신 직함으로 불리는 것이 당연해진 이유이기도 했다. 그 많은 사람 사이에서 구성원의 이름을 모두 안다는 건 거의 불가능에 가까웠고 이름이 닿을 만큼 가깝게 다가설 기회도 드물었다. 하지만 S 선배는 자신의 이름이 상급자의 입술을 통해 불리는 경험을 하게 된 것이다. 그 짧은 순간이 마치 무심한 바다에 피어난 한 송이 꽃처럼 선명했을 것이다. 자신의 이름이 불리는 순간 S 선배는 상급자가 자신을 중요한 존재로 바라본다는 것을 느꼈다. 누군가에게 각인된 이름이란 그 사람의 마음을 향한 조용한 약속이기도 하니까. 그 믿음이 준 따뜻한 무게 덕분에 S 선배는 자신을 지켜보는 이의 신뢰를 닮은 한결같은 마음으로 최선을 다하는 모습을 보여주었다.

## 이름을 부를 때, 우리는 그 사람을
## 고유한 인격체로 존중하는 것이다

부장 대리 혹은 '저기요.'라는 호칭으로 사람을 부를 때 우리는 그를 그저 하나의 역할과 책임 속에서 바라보는지도 모른다. 하지만 이름을 부르는 것은 다르다. **이름을 부를 때 우리는 그 사람을 고유한 존재, 하나의 인격체로 대한다.** 그 이름에 깃든 그 사람의 삶과 이야기를 품은 채 말이다. 그러한 까닭에 나는 이름을 기억하기 위해 사소한 노력을 기울이는 편이다. 그것은 바로 키워드를 활용하는 방법이다. 상대방의 이름을 듣고 그 이름을 쉽게 외울 수 있는 연상 키워드를 떠올리는 것이다. 예를 들어 '보람'이라는 이름을 외우기 위해 '보람찬 하루', '보람 있는 사람', '보람 있게 일하는 사람'과 같이 그 사람의 외모 특징과 연결 지어 머릿속에 새기곤 했다. 뿔테 안경까지 썼다면 '뿔테 안경을 쓰고 보람 있게 일하는 사람'이라고 생각하는 식이다.

누군가 나의 이름을 불러준다는 것은 대단한 일이다. 특히 내 이름을 모를 것으로 생각했던 상급자나 평소에 교류가 없었던 사람이 내 이름을 기억한다면 그 감동은 더할 나위 없이 크다. 이름을 기억한다는 것은 그 사람을 존중한다는 뜻이다. 어떤 이들은 자신의 이름에 큰 자부심을 느끼며 그 이름을 남기기 위해 큰 비용을 지불한다. 아마도 그것은 이름이 사람에게 그 사람의 삶과 이야기, 그리고 존재의 흔적을 아우르는 중요한 상징이기 때문이다.


중요성을 깨달았다면 이제 당신이 해야 할 행동은 하나다.

상대방의 이름을 기억하라.

이름 세글자만으로 한 사람을 나타낸다는 것. 이름은 단순한 식별을 넘어 그 사람의 삶과 이야기 그리고 존재의 흔적을 아우르는 중요한 상징이다.


당신에게 이름은 어떤 의미인가?

# 삶을 풍요롭게 만드는
# 자기표현

"자신을 표현하는 것은 삶의 의미를 창조하는 것이다."

- 헨리 데이비드 소로

뛰어난 말과 문장, 성공의 찬란한 서사보다 더 값진 것은 바로 나만의 이야기다. 그래서 우여곡절 없이 평탄하기만 한 삶은 매력적이지 않다. 고난의 파도가 밀려올수록 실패와 좌절이 겹칠수록 그 인생은 더 깊고 아름다운 이야기로 빛난다. 마치 바람에 흔들리는 나무가 뿌리를 더 깊게 내리듯 어려움 속에서 우리는 성장하고 그 경험들이 우리의 이야기를 더 찬란하게 만든다. 그리하여 삶의 구불구불한 길이 곧 나의 가장 소중한 자산이 된다. 그러므로 나만의 이야기로 나를 표현하는 것이 무엇보다 중요하다.

나를 표현하는 방법으로 가장 좋다고 생각하는 것은 글쓰기다. 글쓰기는 자기표현의 가장 전통적이고 깊이 있는 방법의 하나다. 단어와 문장 속에 담긴 의미는 우리의 내면을 그대로 드러내는 거울과 같다. 글쓰기는 우리가 경험하고 느낀 것을 표현하는 방식으로 우리의 감정과 생각을 명확하게 형상화하는 도구가 된다. 글을 통해 우리는 자신의 이야기와 철학을 풀어놓으며 그 속에서 자신을 발견할 수 있다. 글쓰기는 때로 '창조'라는 신비로운 영역으로 여겨져 우리에게 어려움으로 다가올 수 있다. 무에서 유를 창출해 내는 과정을 '창조'라 부른다. 그래서 글쓰기를 창조라 생각하면 더욱 부담스럽게 느껴진다. 그러나 이러한 생각은 글쓰기를 과대평가한 것이다. 사실 우리는 글쓰기를 정식으로 배우지 않았기에 익숙하지 않은 것이다. 익숙하지 않은 것이지 결코 어렵기만 한 것이 아니라는 것이다. 무엇을 써야 할지 막막하다면 일단 읽어라. 한 권의 책을 펼치고 아무런 계획 없이 먼저 읽어라.

## 책에 그은 밑줄은 단순한 표식이 아니라 내면의 감정과 생각을 담고 있다

나는 책을 읽을 때 마음에 와닿는 문장에 꼭 밑줄을 긋는다. 때로는 표현이 아름다워서 또 때로는 내용이 깊이 공감되어 긋는다. 흥미로운 사실은 똑같은 책을 읽더라도 각자의 밑줄은 제각기 다르다는 점이다. 이 현상에 대해 한 번쯤 생각해 볼 필요가 있다. **밑줄은 단순한 충동에서 비롯된 것이 아니다. 그 문장은 내 삶 속 어딘가에 이미 자리하고 있던 문장이기 때문이다.** 우리 뇌는 경험한 것, 상상한 것을 기억하고 그 기억이 언어로 다가왔을 때 우리는 그것에 밑줄을 그을 수밖에 없다.

직장 생활 5년 차에 접어들었을 때 나는 작은 혼란에 빠졌다. "나는 무엇 때문에 이렇게 열심히 일하고 있는가?"라는 의문이 생겼다. 힘을 빼고 적당히 일해도 급여는 똑같고 더 열심히 한다고 해도 나를 알아주는 것 같지도 않았다. 자기만족이나 내 욕심에 의해 일을 하고 있다는 생각이 들었다. 이직에 대한 고민과 함께 여러 딜레마에 휘말려 있었다.

그때 내 눈에 들어온 책이 『디테일의 힘』이었다. 나는 처음 책을 펼칠 때 목차를 살펴보며 궁금한 부분을 먼저 찾아보는 습관이 있다. 목차에서 '월마트의 성공과 케이마트의 파산'이라는 제목을 보게 되었고 호기심이 자극되었다. 해당 페이지를 넘겼을 때 한 문장이 머리를 울리는 듯한 강한 인상을 남겼다. "자신의 직업을 사랑한다면 매일 자신이 할 수 있는 가장 완벽한 상태를 추구할 것이고, 머지않아 주변 사람들까지도 그 열정에 감화될 것이다." 월마트의 창시자 샘 월튼의 말이었다. 이 문장은 나에게 깊은 성찰을 안겨주었다. 나는 진정으로 내 직업을 사랑하고 있는가?

이 질문에 대한 답은 '나는 내 직업을 사랑한다는 것'이었다. 그렇기에 나는 나의 가장 완벽한 상태를 추구하기 위해 멈추지 않고 오히려 더 정진할 힘을 얻게 되었다. 직업에 대한 열정이 내 삶의 새로운 방향을 제시해준 순간이었다.


**밑줄 그은 문장은 절대 그냥 넘어가지 말자. 밑줄이 스쳐 지나간 문장 그속에 감춰진 감정들을 붙잡자.** 밑줄을 그은 문장은 결코 단순한 표식이 아니다. 그것은 우리의 내면 깊숙한 곳에서 터져 나오는 감정의 파동이며 생각의 씨앗이다. 그 순간의 느낌 고요한 심연 속에서 솟아오르는 생각들을 기록하자. 지나가 버리면 다시 찾기 어려운 소중한 감정들이다. 막연한 글쓰기의 바다에 뛰어드는 것이 아니라 책에서 얻은 통찰을 자신의 것으로 변형시키는 것이다. 이렇게 작성한 글은 보물처럼 소중하지만 그렇다고 숨겨둘 필요가 없다. 부끄러움에 감추지 말고 세상과 나누자. 친구들이든 지인들이든 그들에게 당신의 목소리를 전하는 것이다. 글로써 나 자신을 표현하고 있는 것을 경험하게 된다.

나를 표현한다는 것은 우리의 삶을 더욱 깊이 있고 다채롭게 만들어주는 것이다. 우리는 다양한 방식으로 자신을 표현하며 그 표현 속에서 자신의 존재를 확인하고 그 존재를 통해 세상과 교감할 수 있다. 자기표현은 우리의 내면을 드러내는 거울이며 그 거울 속에서 우리는 진정한 자아를 발견하고 그 자아를 바탕으로 삶을 더욱 풍요롭게 만든다.

# 흔들리지 않는 용기로
# 나누는 대화

"진정한 위대함은 타인의 무시에도 불구하고
품위와 지혜를 유지하는 것이다."

- 마하트마 간디

"당신은 일부러 적을 만든 적이 있는가?"

대화를 나누다 보면 종종 상대방의 말이 나의 상식을 벗어나는 순간이
찾아온다. 그런 상황에서 당신은 어떻게 대처할 것인가? 선택지는 두 가지
중 하나일 것이다. 하나는 상대방의 의견을 틀렸다고 무시하며 가르치려
드는 것이고 다른 하나는 상대방의 의견을 존중하며 그가 그렇게 생각할
수도 있음을 인정하는 것이다. 어떤 선택이 정답인지 단언할 수는 없다. 그
러나 한 가지는 분명하다. 전자를 선택했다면 '적'을 만드는 방법을 택한 것
이다.

몇 년 전까지 나는 휴대폰을 자주 바꿨다. 두 대의 기기값을 동시에 내기도 했다. 직업의 특성상 항상 전화 대기를 잘해야 했기에 문자가 울리거나 전화가 오면 언제 어디서든 확인해야 했다. 걸어갈 때도 뛰어갈 때도 심지어 밥을 먹을 때조차 손에는 항상 휴대폰이 들려 있었다. 그렇게 급히 휴대폰을 꺼내려다가 자주 바닥에 떨어뜨리곤 했고 액정이 깨지는 일은 다반사였다. 연락을 잘 받아야 했기에 잠자리에 들 때조차 전화를 받지 못할까 두려워 항상 머리맡에 휴대폰을 두고 잤다. 매일매일 불안과 초조 속에서 생활하던 내 모습은 마치 작은 알람 속에 스스로를 가두는 듯했다. 이 작은 기기는 나의 일상이었고 동시에 나의 짐이었다.

그러던 어느 날 액정이 깨진 휴대폰을 물에 빠뜨리고 말았다. 살려낼 수 없는 상황이었다. 약정이 끝나지 않았지만 아픈 가슴을 움켜잡고 다시 휴대폰 매장으로 발길을 옮길 수밖에 없었다. 이번만큼은 오래 쓸 것이라 다짐하며 최신 모델을 선택했다. 하지만 문제는 휴대폰을 사고 난 뒤에 시작됐다. 동료가 나의 휴대폰을 보고 얼마에 바꿨냐고 물었다. 가격을 이야기했더니 그 동료는 한숨을 쉬며 나를 나무랐다. "사기당했네!", "호구네!"라는 단어가 내 귀를 찔렀다. 마치 바보처럼 내 잘못을 단정 짓는 그의 태도에 불쾌감이 솟구쳤다.

휴대폰 금액이 매장마다 다르다는 사실은 알고 있었지만, 합법적으로 매장에서 산 것인데 왜 이런 소리를 들어야 하는지 이해할 수 없었다. 사소할 수 있는 휴대폰 구매로 논쟁이 벌어졌고 대화가 끝난 후에도 내 안에서는 부글부글 끓어오르는 화가 식지 않았다. 내 선택이 어떤 의미가 있는지 과연 누구에게 이리저리 평가받아야 하는지 그 불쾌감이 내 마음을 뒤흔들었다.

## 틀렸다고 말하기보다는 존중하고
## 미소 지으며 넘기는 것이 지혜로운 태도다

차라리 휴대폰 언쟁이 시작되기 전에 적당히 넘겼다면 어땠을까. 지금의 이 불쾌감은 돌이켜보면 직장 동료의 말에서 비롯된 것이 아니라 사실은 나 스스로 만든 것이 아닐까 하는 생각이 들었다. "비싸게 주고 샀다."라는 그의 한마디에 나는 반응하며 마음의 문을 닫아버렸다. 만약 그때 내가 "그렇구나, 다음에 휴대폰 살 때 조언을 구할게. 도와줄래?"라고 말했다면 상황은 달라졌을까?

나의 감정은 내가 만들어가는 것임에도 그의 말에 흔들려 스스로 불편하게 만든 것은 아닐까. 깊은 반성과 함께 마음속에서 그 목소리가 메아리친다. **불쾌감은 누군가의 말에서 비롯된 것이 아니라 내 안에서 순간적으로 일어난 감정의 불씨였음을 깨닫는다.**

상대의 말이 마음에 들지 않는다고 해서 그를 적대시할 필요는 없다. 우리는 각자의 시각에서 세상을 바라보며 그 안에서 이해와 존중의 가치를 찾는다. 대화란 단순한 정보의 교환이 아니다. 그것은 서로의 마음을 이해하고 연결하는 다리다. 적을 만들기보다는 서로의 의견에 귀 기울이며 공존할 방법을 찾는 것이 더욱 의미 있는 일이다.

일상적인 대화 속에서 논리적으로 말하는 이들은 드물다. 아마 없다고 해도 무방할지도 모른다. 우리는 일상에서 논리를 따지며 대화를 나누지 않기 때문이다. 예를 들어 중국집에 들어가 메뉴판을 보며 "왜 짜장면이 위에 있고 짬뽕은 아래에 있을까?" 같은 주제로 토론하거나 논쟁을 벌이지 않듯 말이다. 대화란 종종 깊은 생각이나 논리보다는 감정과 경험의 교환으로 이루어진다. 우리는 맛있는 음식을 즐기고 소소한 일상을 나누며 서로의 이야기에 귀 기울인다. 이런 사소한 대화 속에서도 우리는 관계를 맺고 공감한다. 어쩌면 그렇게 논리적이지 않더라도 그 속에서 더 깊은 의미와 연결이 존재하는 것 아닐까.

사람과의 대화에서 정답은 없다. 상대방의 의견을 존중하는 것이야말로 진정한 지혜다. 누군가가 틀렸다고 말할 때 그 말이 나를 겨냥한 것이라 해도 그저 미소 지으며 넘겨버려라. 그렇게 마음속의 작은 파도를 가라앉히는 순간 나의 감정을 지킬 수 있다. 타인의 목소리가 아닌 내 내면의 평화를 선택하는 것. 그것이야말로 삶의 중요한 열쇠일 것이다. 상대방을 이해하려는 마음이 나를 더 넓은 세계로 이끌어준다. 그들의 말에 흔들리지 않는 용기를 가져보는 건 어떨까?

# 공감이 만드는
# 신뢰와 리더십

"사람들이 당신을 신뢰할 때, 그들은 당신을 따르게 된다.

그 신뢰는 공감에서 나온다."

- 스티븐 코비

직장에는 상급자와 하급자, 즉 서열이 있다. 이들은 모두 조직을 위해 함께 일하는 사람들이다. 공통의 목표는 조직의 성과이며 각자의 위치에서 그 목표를 위해 힘을 모은다. 그러나 내부를 들여다보면 지시하는 사람과 그 지시에 따라야 하는 사람이 있다. 하급자로서는 상급자의 지시를 따르는 것이 당연하게 여겨지지만, **지시의 말투가 강압적일 때 그 당연함은 불편함으로 바뀐다.** 특히 수평보다는 수직 구조에 가까운 우리나라 조직 문화 속에서 이러한 현상은 더 깊어진다. 사람은 누구나 강압적인 언행을 달가워하지 않는다. 차가운 말투와 마치 나를 무시하는 듯한 어조는 한 줌의 반감도 불씨로 삼아 마음속에서 타오른다.

흔히들 말한다. "까라면 까라." 이것이 조직에서 하급자가 갖춰야 할 미덕일까? 복종을 미덕으로 삼아야 한다는 이 암묵적인 원칙이 과연 옳은 것인가? 한때 나는 강압적인 분위기 속에서 그런 의문을 품으며 일한 적이 있다. 그곳에서는 상급자의 지시가 곧 절대적인 명령이었다. 논리나 절차 따위는 뒷전이었다. 상급자가 원하는 것은 오직 "그냥 하라."는 말 한마디에 움직이는 것이다. 그날도 비슷한 상황이 벌어졌다. 본사에서 지침이 내려왔다. 이번 주 내에 꼭 진행해야 할 행사 관련 문서였고 최대한 불필요한 행정을 줄이고자 새로운 것을 만들지 말고 본사의 문서를 그대로 활용하라는 내용도 담겨 있었다. 문서를 읽으며 이것을 그대로 내리면 절차가 간소화되고 시간을 절약할 수 있겠다고 생각했다. 하지만 상급자의 생각은 달랐다. "이 지침을 우리 실정에 맞춰 새로 만들어라!" 그 순간 머릿속에 처리해야 할 일거리가 줄줄이 떠올랐다. 당장 해야 할 일들이 몇 개고 그 일들 각각이 어느 정도 시간을 잡아먹는지. 이미 빠듯한 시간에 또 다른 불필요한 문서를 만드는 일까지 떠안게 된 것이다. 나는 속으로 불안이 몰려왔지만, 조심스럽게 입을 열었다. "문서를 다시 만드는 것은 굳이 하지 않아도 될 것 같습니다. 본사 지침대로 진행해도 충분할 것 같아요." 그러나 내 말을 듣는 상급자의 표정에는 일말의 동의조차 없었다. 그는 눈살을 찌푸리며 단호하게 말했다. "그냥 하라고!" 그 짧은 대답에 모든 것이 압축되어 있었다. "생각할 필요 없다. 이유를 묻지 마라. 그저 지시대로 해라."는 의미가 그의 눈빛과 말투에 가득 담겨 있었다. 그 말은 차가웠고 동시에 내게 씁쓸한 무력감을 안겨주었다. 마치 내가 가진 시간, 에너지 그리고 업무의 판단력까지도 부정당한 느낌이었다. 그저 기계처럼 지시대로 움직이라는 그 한마디가 내 마음에 비수를 꽂았다.

무엇이 잘못된 것일까? 어쩌면 상급자 역시 자신이 지시하는 방식에 대해 깊이 생각해본 적이 없었을지도 모른다. 조직 안에서 '까라면 까라!'라는 말이 윗사람의 자리를 더욱 견고히 만들고 그 자리에 앉아 있는 자신에게 확신을 주는 도구가 되어버렸을지도 모른다. 혹은 그조차 상급자들로부터 그렇게 배워왔기에 그가 아는 지시의 방식이 그것뿐이었는지도 모른다. 그러나 그런 생각이 들어도 마음속에서는 여전히 답답함이 가시지 않았다. 지시는 단순한 명령의 전달이 아니다. 그 속에는 신뢰와 존중이 담겨 있어야 한다. 상급자가 무심코 던진 한마디가 하급자의 자존감을 무너뜨리고 결국에는 조직 전체의 협력과 효율을 해칠 수도 있다. 이런 부조리함 속에서 우리는 과연 얼마나 함께 진정으로 같은 목표를 향해 일할 수 있을까?

그날 이후 나는 깊이 고민했다. 단순히 복종을 강요당하는 존재가 아닌 조직의 한 일원으로서 내 시간과 노력이 의미 있게 쓰일 수 있는 환경은 과연 가능할까? 모두가 서로를 존중하며 함께 일할 수 있는 조직을 만들 수 있을까? 물론 상급자의 태도를 내가 바꿀 수는 없을지도 모른다. 그러나 언젠가 내가 저 위치에 선다면 그때는 다른 방식으로 조직을 이끌 수 있지 않을까? 명령이 아니라 공감을, 권위가 아니라 신뢰를 바탕으로 서로의 역량을 이끌어내는 길이 있지 않을까?

어떤 것이 진정 바람직한 리더의 모습일까? 이 질문이 머릿속을 떠나지 않다 보니 후배들에게 한마디 건넬 때조차 신중해졌다. 내가 하는 말이 그들에게 어떻게 들릴지 어떤 여운을 남길지를 고민하게 되었다. 어느 날 내가 받은 지시를 후배들에게도 일부 맡겨야 하는 상황이 닥쳤다. 어떻게 전달해야 할까? 그저 명령하듯 단순히 "이것 해라!" 하고 끝낼 수도 있었고 내가 전부 떠안고 묵묵히 처리할 수도 있었지만, 문득 다른 방법이 떠올랐다. **'질문을 해보면 어떨까?'**

"상급자가 본사 지침을 우리 상황에 맞게 구체화하라는 지시를 내렸어. 세 가지로 나눠 정리하면 좋을 것 같은데 시간이 부족하단 말이야. 우리 함께 나누어 처리하면 어떨까? 너의 생각은 어때?"

내 말을 들은 후배는 잠시 생각하더니 말했다. "선배님 일을 나누어서 하는 게 좋겠네요. 제가 두 가지를 맡아볼까요?" 단순히 질문을 던졌을 뿐인데 후배는 자기 나름대로 방안을 생각하고 대답을 내놓았다. 내가 그냥 "이 두 가지는 네가 해!"라고 지시했어도 결국 해야 하는 일은 같았을지도 모른다. 하지만 질문을 통해 후배에게 생각할 여유를 주었고 스스로 일에 참여하고 있음을 느끼도록 했다.

## 명령보다 더 중요한 것은
## 서로의 생각을 공유하고 공감하는 과정이다

이 작은 차이가 내게 많은 걸 가르쳐주었다. **사람은 명령이 아닌 존중 속에서 더 깊이 동참할 수 있다. 이것이 질문이 만드는 공감의 힘이다.** 지시는 때로 한 방향의 명령이 아니라 두 마음이 만나는 소통이어야 한다. 격려와 존중이 스며든 말 한마디는 땅에 씨앗을 뿌리듯 마음속에 협력의 의지를 자라도록 한다.

지시와 명령이 아닌 함께 나아가는 길을 알려주는 말은 멀리서 바람에 부딪혀도 부드럽게 흩어지는 메아리처럼 하급자의 마음을 흔들지 않으며 공감을 남긴다.

지시의 힘은 결국 공감에서 시작된다.

# 비판 대신
# 강점을 발견하라

"사람들이 가진 강점을 존중하고 그것을 강조하면,
그들은 스스로를 더욱 발전시킬 것이다."

- 토니 로빈스

우리는 칭찬에 인색하다. 마치 칭찬이 과분한 것처럼 잘하지 못한 점을 지적하고, 단점만을 파고드는 데 익숙해져 있다. 그런 문화 속에서 자라난 우리는 상대방의 장점보다 결점을 찾는 것을 자연스럽게 여긴다. 칭찬의 순간이 드물어질수록 부정의 목소리는 더욱 선명하게 들려온다. 잘하지 못한 점을 발견했을 때 마치 자신이 남다른 통찰력을 가졌다는 듯이 자화자찬한다.

그러다 보니 다른 이의 실수는 더욱 눈에 크게 비친다. 이로 인해 실수를 지적받은 사람은 자신을 남보다 부족한 존재로 여기게 되고 자신의 가치나 능력을 낮게 평가한다. 특히 비교의 잣대에 휘둘리며 원하는 성과를 이루지 못할 때 그 느낌은 더욱 강렬해진다. 이런 분위기는 자존감을 무너뜨리고 잠재력을 제한하며 때로는 도전에 대한 두려움이나 불안을 심어준다. 어쩌면 우리는 서로의 소중한 가치를 놓치며 작은 실패를 비극으로 여기는 사회 속에서 소외된 채 살아가는 것은 아닐까?

지난날을 천천히 되돌아보면 흥미로운 깨달음이 찾아온다. 우리는 과연 칭찬에 인색한 문화에서 자라왔을까? 아이러니하게도 수많은 실패 속에서조차 우리는 끊임없이 응원받으며 자라온 존재들이다. 걸음마를 떼는 아이를 떠올려 보자. 첫 아이가 비틀거리며 일어서던 순간이 지금도 눈앞에 선하다. 그 작은 몸짓 속에는 무한한 가능성이 꿈틀댔지만 일어섰다가 넘어지고 또 일어나는 반복의 연속이었다. 발달 심리학에 따르면 아이는 약 3천 번의 걸음을 시도하고 그만큼의 넘어짐을 견뎌낸 후 비로소 걷기에 성공한다. 그런데 묻고 싶다. 3천 번이나 넘어지는 그 아이를 우리는 비난한 적이 있는가? 넘어질 때마다 힘내라며 응원하지 않았던가? 그 따뜻한 격려가 있었기에 아이는 다시 일어설 용기를 내며 마침내 자신의 첫걸음을 내디딜 수 있었다.

자전거를 처음 배웠던 순간도 그러했다. 네 발로 균형을 잡으며 시작해 마침내 두 바퀴로 나아갈 때 누군가의 손길이 우리를 지탱해 주지 않았던가. 그 손길이 아버지였을 수도 어머니였을 수도 형제자매였을 수도 있다. 단 한 번의 실패 없이 두발자전거를 마스터하는 사람이 어디 있을까? 그저 한 번에 성공하지 못했다고 누구도 비난하지 않는다. 오히려 실패에도 변함없는 응원이 있었기에 우리는 다시 도전했고 마침내 바람을 가르는 기쁨을 알 수 있었다. 이토록 우리는 실패 속에서조차 꾸준히 응원받아온 존재들이다. 실패는 꾸짖음의 대상이 아닌 응원과 격려 속에서 차곡차곡 쌓아 올린 도전의 발자취였던 것이고 그 발자취를 걸을 때마다 칭찬을 받아왔다.

그런데 무슨 일이 있었던 걸까? 어른이 되고 나서 우리는 칭찬에 인색해졌다. 어릴 적 수많은 응원과 격려 속에서 실패를 딛고 일어섰던 우리였다. 그런데 어느 순간부터 익숙해진 것은 칭찬이 아닌 비판이었다. 나이 들수록 비난과 결점 지적에 눈이 먼저 가게 되었고 그 따스한 격려의 말들은 입술 끝에조차 닿지 않는 일이 잦아졌다.

어린 시절에는 넘어질 때마다 다시 일어서라며 등을 토닥여 주던 우리였건만 이제는 스스로와 서로를 더 높은 잣대로만 평가하는 모습이 자연스러워졌다. 칭찬을 받으며 성장했던 우리가 어른이 되어서는 어쩌다 그 칭찬을 내어주지 않게 되었을까?

나는 이 이야기를 맞고 틀림을 가려보자고 꺼낸 것이 아니다. 옳고 그름의 판단은 각자의 몫으로 남겨둔다. 다만 한 가지는 확신한다. 우리가 왜 칭찬보다 비난을 택하게 되었는지 그 답은 알 수 없더라도 칭찬이 사람을 성장시킨다는 결론만큼은 분명히 내릴 수 있다.

## 사람마다 다른 강점이 있으며, 그 강점을 키워주는 것이 진정한 발전이다

사람들은 누구나 저마다 다른 빛을 가지고 있다. 그 빛은 고유하고 저마다 다른 형태로 타오른다. 어떤 이는 섬세한 손끝으로 세상을 느끼고 어떤 이는 넓은 시야로 무한한 가능성을 본다. 누구는 예리한 통찰력으로 세상을 파악하고 또 다른 이는 마음 깊은 곳에서 길어 올린 공감으로 사람을 감싸안는다. 이처럼 사람마다 다른 강점이 존재한다는 사실은 어쩌면 우리가 함께 살아가며 배우고 성장할 수 있는 이유다.

**진정한 성장과 변화를 위해 필요한 것은 부족함을 찾고 지적하는 것이 아니라 그 속에 숨겨진 강점을 찾아내어 더 크게 북돋우는 것이다.** 강점을 한층 더 빛나게 해주는 일은 마치 씨앗이 싹을 틔우는 과정과 같다. 응원이라는 물을 주고 믿음이라는 햇빛을 비출 때 그 씨앗은 비로소 자신이 가진 모든 잠재력을 발휘해 꽃을 피울 수 있다. 강점에 집중하고 그 빛을 더욱 빛내주려는 노력이 사람에게는 진정한 자극이 된다. 그때 비로소 사람은 자신이 가진 능력을 새로이 인식하고 자신 속 깊이 잠들어 있던 가능성을 발견하게 된다. 한 사람의 강점을 존중하고 더 크게 키워주고자 할 때 그 속에서 펼쳐지는 가능성은 마치 잠든 마법처럼 깨어나 세상 속에 빛을 더하게 될 것이라 나는 믿는다.

당신은 칭찬할 준비가 되었는가?

# 나와 너, 함께 성장하는 대화의 힘

- 대화는 의견을 전달하는 것을 넘어, 서로의 생각과 감정을 나누고, 서로의 관점을 이해하려는 노력에서 진정한 힘을 발휘합니다. 이러한 대화는 서로를 더 가까이 묶어주며, 각자의 성장에도 중요한 역할을 합니다.
- 대화를 통해 갈등을 해결한 경험이 있나요? 있다면 그 과정에서 어떤 교훈을 얻으셨나요?
- 서로를 존중하는 대화가 관계를 더욱 깊게 만드는 데 어떤 역할을 한다고 생각하나요?

# 앞으로 어떻게 살아가야 할 것인가?

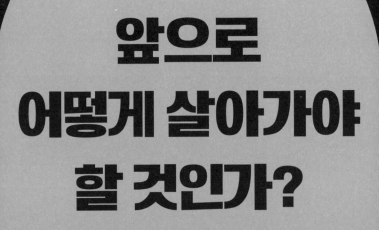

5장

The key to the future

# 계획 없는
# 삶은 방황이다

"인생에서 목적을 잃은 사람은 그 누구도 목적지에 도달할 수 없다."

- 헨리 데이비드 소로

나는 계획 없는 즉흥적인 여행을 좋아한다. 일정 없이 떠나는 여행은 예측할 수 없는 흥분과 설렘으로 가득하다. 어디로 향할지 누구를 만날지 어떤 이야기가 펼쳐질지는 아무도 모른다. 그 불확실성 속에서 기대감이 커지고 새로운 영감이 스며든다. 물론 이러한 여행이 항상 순조로운 것만은 아니다. 때로는 예약을 하지 않은 탓에 허름한 곳에서 잠을 청하거나 불편함 속에서 고생하기도 한다. 그러나 이런 모든 과정이 나에게는 귀중한 배움이다. 그래서 감내할 수 있었다.

하지만 이 모든 이야기는 혼자일 때의 이야기다. 혼자라면 상관없지만 다른 이들과 함께라면 상황은 달라진다. 특히 부모님과 같은 어른들을 모시고 간다면 그 불편함이 실례로 여겨질 수 있다.

첫째 아이가 갓 돌을 지나고 부모님을 모시고 일본 여행을 계획했다. 우리 가족은 꿈같은 여행을 상상하며 설렜다. 항공권과 숙소는 예약했지만, 그 외의 모든 것은 그곳에서 자연스럽게 결정되기를 바랐다. 안타깝게도 아버지는 일정에 맞추지 못해 어머니만 함께하게 되었다. 첫 해외여행이라 어머니는 짐을 가득 챙겨오셨다.

설렘을 가득 안고 떠난 일본 여행. 하지만 도착하자마자 예상치 못한 난관에 부딪혔다. 공항에 도착한 후 버스를 타고 렌터카 업체로 갔다. 나, 아내, 아들, 그리고 어머니까지 네 명이 함께한 여행으로 짐이 많았기 때문에 기동력이 필요했기 때문이다. 당당하게 차량을 살펴보고 결제를 하려는데 나에게 면허증을 요구했다. 나는 자랑스럽게 대한민국 면허증을 내밀었다. 하지만 직원은 고개를 절레절레 흔들며 국제 면허증을 제시하라고 했다. 머리가 하얘졌다. 나는 당황했고 그 순간의 정적 속에서 유모차에 앉아 있는 아이와 땀을 흘리며 아이를 달래는 아내. 지친 기색이 역력한 어머니를 바라보았다. 내 등에는 땀이 흐르기 시작했고 상황을 어떻게 해결해야 할지 막막했다. 직원에게 대안이 없는지 물어봤지만 아무런 해결책이 없었다. 결국, 우리는 그 많은 짐과 유모차를 끌고 대중교통을 이용할 수밖에 없었다. 나는 괜찮았지만, 가족들이 겪은 불편함에 대한 미안함이 여행 내내 가슴에 남았다.

이것은 계획 없이 맞닥뜨린 불편함의 단편적인 경험일 뿐이다. 이쯤 되면 계획이란 무엇인지 그리고 그 필요성에 대해 깊이 성찰해 볼 시점이 다가온다. 계획은 정말 여행과 같은 일상에만 필요한 것일까? 절대 그렇지 않다. **계획은 우리의 삶에서 필연적인 요소이며 우리가 지녀야 할 나침반이다.**

인생은 미지의 바다를 항해하는 배와 같다. 별이 없는 바다에서는 방향을 잃기 쉽다. 그러나 한 줄기 빛이 우리의 길을 비추듯 계획은 우리가 나아가야 할 방향을 제시해 준다. 계획은 단순히 미래의 일정을 정리하는 것이 아니다. 그것은 삶의 조각들 사이에 흩어져 있는 작은 별자리와 같다. 우리가 하루하루를 살아가는 이유는 이 별자리를 통해 우리의 목표라는 항구에 도달하기 위해서다. 계획은 그 항구로 가는 길을 정하는 나침반이며 우리의 여정에 방향과 목적을 부여하는 빛이다.

우리가 계획을 세워야 하는 이유는 우리의 존재가 지닌 무게와 깊이에서 비롯된다. 인간의 삶은 그 자체로도 아름답고 복잡한 패턴을 지니고 있다. 방향 없이 떠다니는 것은 바람에 흔들리는 나뭇가지와 같아 계획이 없는 삶은 불확실성의 파도에 휘둘리기 마련이다. 그래서 계획은 우리를 안정시킨다. 그것은 마치 끊임없이 흐르는 강물 속에서 우리가 닻을 내리고 잠시 쉬어가는 것과 같다.

계획을 세우는 순간 우리의 삶은 더는 우연의 연속이 아니라 우리의 의도와 노력으로 결정된다. 계획은 마음속에 숨겨진 꿈을 구체화하는 마법의 도구다. 꿈은 때때로 안개 속에서 흐릿하게 떠오르지만, 계획은 그 안개를 걷어내고 꿈의 실체를 선명하게 드러낸다. 우리가 세운 계획은 그 꿈이 실현될 수 있도록 뚜렷한 길을 열어준다. 마치 어둠 속에서 길을 비추는 등불처럼, 계획은 우리가 꿈꾸는 현실로 나아가는 빛이 되어 우리를 이끈다.

## 계획은 일상에 의미를 부여하는 것이다

왜 계획하는가? 이제 그 대답은 명백하다. **계획은 우리의 삶을 더 명확하고 의미 있게 그리고 아름답게 만든다.** 우리가 걸어야 할 길을 정하고 이루고자 하는 꿈을 구체화하며 매일의 순간을 소중한 조각으로 만들어준다. 계획이 없으면 우리는 방황할 수밖에 없지만, 계획이 있으면 우리는 꿈꾸는 방향으로 나아갈 수 있다. 삶의 파도에 휘둘리지 않고 우리가 원하는 항구를 향해 나아가는 배가 될 수 있다.

계획은 단순히 미래의 길을 그리는 것이 아니다. 그것은 우리가 인생이라는 무대의 주인공이 되기 위한 지도이자 우리 꿈의 실체를 밝혀주는 등불이다. 우리가 계획을 세우고 그 계획에 따라 한 걸음 한 걸음 나아가는 이유는 바로 이 중요한 도구가 우리를 인도하고 우리가 삶의 주인공으로서 우리의 이야기를 쓰게 돕기 때문이다.

이제 당신도 계획할 때다.

# 나만의 속도와 방식으로
# 이루는 성공

"성공을 이루려면 매일 스스로에게 중요한 질문을 던져야 한다."

- 오프라 윈프리

"성공이란 무엇인가?"

이 질문은 나의 마음속 깊은 곳에서 끊임없이 울려 퍼진다. 단순한 호기심에서 시작된 질문이 아니다. 마치 오래된 기억의 조각처럼 나를 흔든다. 성공이라는 개념은 각기 다른 사람들에 의해 다양하게 정의된다. 그러나 내게 성공은 그저 이룬 성과나 목표 달성이 아니다. 내가 나아가는 길 위에서 매 순간 만나는 도전들 속에서 얻는 작은 성취들의 연속이다. 성공은 나를 발견하는 여정이다. 그 여정은 끝없이 변화하는 길에서 나를 확인하는 과정이자 내가 되어가는 변화다.

어린 시절 성공은 내게 분명하고 명확한 목표처럼 보였다. 좋은 학교에

가고 훌륭한 직장을 얻고 남들이 부러워할 만한 성과를 이루는 것이 바로 성공이었다. 그때의 나는 그 목표를 향해 달려갔다. 그러나 시간이 지나면서 나는 깨달았다. 성공이란 결코 고정된 하나의 모습으로 남을 수 없다는 사실을. **성공은 마치 생명체처럼 끊임없이 변화하며 내면의 성장과 자아의 확장에 따라 그 의미도 달라진다.** 한때는 높은 산의 정상에 올라가기를 꿈꾸었다면 어떤 날에는 평범한 일상 속에서 소소한 행복을 찾는 것이 진정한 성공임을 깨달았다. 이처럼 성공은 고정된 형태로 존재하지 않는다. 나의 삶의 순간마다 그 의미가 변하는 살아있는 개념이다. 그 변화를 포용하는 것이 진정한 성공을 향한 첫걸음이다.

성공이 물질적인 풍요나 사회적 지위로만 정의된다면 나는 아마도 성공하지 못한 사람일지도 모른다. 그러나 나는 그것이 진정한 성공의 기준이라 생각하지 않는다. 성공은 남들의 시선 속에서 다른 사람들과 나를 비교하는 과정에서 이루어지는 것이 아니다. 그저 내가 나와 깊은 대화를 나누며 내면의 목소리에 귀 기울이는 것에서부터 시작된다. 성공은 외부의 평가나 찬사에 의해서가 아니라 내가 나만의 길을 걸으며 나만의 의미를 찾는 과정에서 꽃을 피운다. 그것이 내가 이루고자 하는 목표이며 내가 추구하는 삶의 방식이다.

성공은 나만의 속도로 나만의 방식으로 살아가는 것이다. 내가 진정으로 원하는 것을 이루기 위해 싸우고 넘어지고 그 속에서 배우며 다시 일어서는 과정이 바로 성공이다. 그 길이 때로는 험난하고 외로울지라도 그 속에서 진정한 평화와 자신감을 얻는다. 그것이 진정한 성공의 의미다. 나의 삶이 나 자신에게 진심으로 사랑받고 있다는 확신을 얻는 것 그것이야말로 내가 이루고자 하는 진정한 성공의 본질이다.

나는 때때로 깊은 밤하늘을 올려다보며 길을 찾는 항해사를 떠올린다. 별빛이 흐려지고 폭풍이 몰아칠 때도 그는 결코 길을 잃지 않는다. 그의 시선을 붙드는 단 하나의 존재, 북극성이 있기 때문이다. 나에게도 그런 북극성이 있다. 바로 '꿈'이다. 내가 가야 할 길을 잃지 않도록 이끄는 빛, 흔들릴 때마다 다시 방향을 잡아주는 지침. 매일같이 선택의 기로에 설 때면, 그 빛은 더욱 선명해진다. 그리고 나는 흔들림 없이 나아간다. 꿈이 빛나는 한, 나는 길을 잃지 않는다.

## 성공은 내가 내 삶을 사랑하고 그 리듬을 따르며 살아가는 그 자체이다

성공이란 결국 내가 내 삶을 진심으로 사랑했음을 느끼는 것이다. 그것은 내가 그 삶을 살면서 어떤 사람이 되었는가에 대한 자부심이다. 외부의 평가나 재산, 명예는 그저 지나가는 것일 뿐 그것이 내가 진정으로 이룬 성공을 정의하지 않는다. 진정한 성공은 스스로와의 싸움에서 이겨내며 더 나은 자신으로 성장하는 과정에서 이루어진다. 이 과정에서 느끼는 기쁨과 슬픔, 좌절과 희망은 모두 나만의 성공을 만들고 내 인생의 풍경을 그리며 나만의 흔적을 아름답게 채색해 나간다. 그 모든 감정이 어우러져 나는 내가 원하는 방향으로 나아간다.

내가 나만의 속도로 나만의 방식으로 인생을 살아갈 때 그 속에서 만나게 되는 시련과 역경은 나를 더욱 단단하게 만든다. 나의 꿈은 그 모든 경험을 통해 더욱 선명해지고 나는 그 꿈을 향해 한 걸음씩 나아간다. 성공은 그 과정에서 피어나는 꽃이다. **내 삶을 온전히 사랑하고 그 삶의 리듬을 따르며 내가 진정으로 원하는 삶을 살아가자.** 외부의 기준이 아닌 내면의 소리에 귀 기울이며 그 길을 걸어가자. 그 길 위에서 나는 내 삶을 완성한다.

# 자존감이 삶의
# 기반이 된다

"자존감은 삶의 기초다.

그것이 확립되면, 세상에 대한 태도와 삶의 질도 달라진다."

- 하워드 휴즈

    자존감과의 싸움이란 보이지 않는 전장 위에서 매일같이 벌어지는 치열한 전투와도 같다. 이 전투는 외부의 적과 맞서는 것이 아니라 내면 깊숙이 자리한 자신과의 싸움이다. 그 싸움터는 때로는 거울 앞에서 때로는 컴퓨터 화면 앞에서 그리고 고요한 밤 잠들기 전의 침대 위에서 펼쳐진다. 그곳에서 나는 매 순간 자신을 마주하며 스스로를 평가하고 때로는 깊은 좌절의 늪에 빠진다. 그러나 그 좌절 속에서도 나는 다시 일어서기 위해 발버둥친다. 이 전투는 끝없는 자기 탐색과 성찰의 여정이며 내면의 불확실함과 싸우며 자아를 찾아가는 과정이다.

    같은 조직에서 10년 이상을 보낸 경험은 단순한 경력을 넘어선다. 보통

한 직종에서 5년을 일하면 '전문가'라는 타이틀을 얻는다. 10년의 세월은 그 경계를 넘어 '초전문가'의 경지에 이르는 시간이 아닐까. 그동안 나만의 업무 철칙과 신념이 깊이 뿌리내렸다. 내가 맡은 일에 대한 철칙과 신념은 마치 오랜 세월 동안 조각된 석상처럼 경험과 노력이 결합하여 형성된다. 그 신념은 업무의 매 순간 드러나며 나의 작업을 이루는 기초가 되었다.

보직 관리 업무를 할 때의 일이다. 보직을 관리한다는 것은 그 자체로 하나의 예술이다. 새로 오는 사람들의 부서와 직책을 결정하는 중대한 결정이다. 개인 희망과 경력 그리고 각 부서의 요구 사항을 조화롭게 맞추어 가장 적합한 위치에 배치하는 과정은 마치 조각가가 원석을 다듬어 걸작을 만들어내는 작업과 같다.

문제는 개인의 희망, 경력, 그리고 부서의 요구가 서로 상충할 때 발생한다. 이럴 때면 마치 복잡한 퍼즐을 맞추듯 깊은 고민에 빠진다. 우선순위를 정하고 해당 업무를 수행하는 부서를 먼저 판단하며 공동의 목표를 추구하는 조직의 이익이 개인의 요구보다 우선해야 한다는 원칙을 되새긴다. 또한, 각 부서의 인원 배치가 형평성 있게 이루어져야 한다는 신념을 잊지 않는다. 이 과정에서 나는 조직의 큰 그림을 그리며 그 안에서 각 개인이 제역할을 할 수 있도록 하는 균형을 잡는다. 그래서 보직 업무는 단순한 업무가 아니라 조직의 유기적인 흐름과 조화를 이루는 예술적 작업이다.

심의에 앞서 A에게 전화가 왔다. "저는 K 부서에 근무하고 싶습니다. 그 부서로 보내주세요." A는 간절히 말했다. 나는 원칙을 지키며 차분하게 대답했다. "심의를 통해 결정됩니다. 다만 실무자 입장에서 보면 우선순위는 낮습니다." A는 흥분했다. 자신의 우선순위가 낮은 이유를 설명해 달라며 항의했다. 물론 이런 경우가 처음은 아니다. 나는 이러한 상황에 익숙했고 대화가 길어지면 서로에게 상처가 될 수 있음을 알고 있었다. 그래서 나는 "검토해 보겠습니다."라고 간단히 답하고 전화를 끊었다.

심의가 끝나고 결정된 보직을 홈페이지에 공지했다. A는 희망했던 곳이 자신의 경력과 부서의 요구에 맞지 않았기에 결국 다른 부서로 배치되었다. A는 자신이 간절히 바랐던 부서가 아닌 결과를 확인하고 자신의 노력과 의견이 무시당했다고 생각했는지 전화로 항의하고 민원성 글로 나를 공격했다. 나는 더욱 단호하게 대응했지만 그럴수록 더욱 강한 악성 민원이 나를 향해 몰려왔다.

보직 결정에 대해 확신이 있었지만, 상황이 계속되자 나는 상급자에게 호출되어 질책을 받았다. 이 끝없는 싸움 속에서 나는 스스로를 고립시키며 A를 단순히 불만을 품은 사람으로 몰아갔다. 또한 이 과정에서 진정한 해결책이 아닌 방어적인 태도로 갈등만 더욱 키웠다.

자존감이 무너질 때 나는 마치 바람에 흔들리는 가벼운 갈대처럼 느껴졌다. 나의 신념과 철칙에 충실하게 업무를 수행했을 뿐인데 왜 내가 질타를 받아야 하는지 의문이 들었다. 내 마음속에서 이러한 질문이 울려 퍼지며 나는 지나온 날들을 되돌아보았다.

결론적으로 심의 결과가 바뀌지는 않았다. 하지만 나는 A에게 진심으로 사과하며 이 사건을 마무리 지었다. 그 과정에서 나는 중요한 교훈을 얻었다. 내가 옳다고 생각했기에 마음을 굳히고 상대방의 고충을 이해하는 데 소홀했다. A가 왜 그 부서로 가야 했는지 그가 겪고 있는 어려움에 대해 깊이 들어주지 않았으며 서류에 적혀 있지는 않았지만, 그가 가지고 있는 애로사항을 확인할 생각을 하지 않았다. 홈페이지에 공지하기 전 심의 과정에서 노력했음에도 불구하고 원하는 결정이 되지 않았다는 한마디의 위로가 필요한 것이었다. 그리하여 나는 알게 되었다. 자존감의 진정한 회복은 단순히 자신의 신념을 지키는 것이 아니라 타인의 감정을 이해하고 그들의 목소리에 귀 기울이는 것에서 시작된다는 것을.

## 자존감은 우리가 올바른 길을 가는 데 필요한 내적 힘이다

"자존감이 밥 먹여주냐?" 자주 듣던 말이다. 이 말은 냉소적인 현실 속에서 종종 들려오는 질문이다. 우리가 사는 세상은 실적과 성과, 숫자와 결과로 가치를 평가한다. 그 속에서 자존감은 마치 허상처럼 보일 때가 있다. 눈에 보이지도 손에 잡히지도 않는 자존감이 과연 삶의 본질적인 문제를 해결해 줄 수 있을까?

자존감은 우리가 이 세상을 살아가는 데 있어 가장 기본적인 토대이다. 자존감이 없다면 우리는 눈앞에 닥친 현실의 무게에 눌려 쉽게 무너질 수밖에 없다. 자존감은 삶의 어려움 속에서도 꿋꿋이 버틸 수 있게 해주는 내적 에너지이다. 그것은 마치 뿌리 깊은 나무처럼 세상의 거센 바람 속에서도 흔들리지 않게 하는 힘이다. 자존감이 없다면 우리가 먹는 밥도 이루어내는 성취도 아무 의미가 없을 것이다. 자존감은 단순히 밥을 먹여주는 것을 넘어 스스로를 존중하고 사랑하며 삶의 주인으로 살아가게 해주는 원동력이다. 자존감은 우리의 가치를 스스로 인정하게 하고 그 가치를 바탕으로 세상에 맞설 수 있는 용기를 가져다준다. 우리가 매일같이 치열한 경쟁의 정글 속에서 살아가지만, 그 속에서 자존감이 없다면 모든 것이 허망해진다. 자존감이 밥을 먹여주지는 않을지라도 자존감이 없다면 밥을 먹는 행위조차 의미를 잃어버릴 것이다. 자존감은 우리의 삶을 인도하는 나침반이다. 그것이 있어야만 우리는 자신이 가야 할 길을 잃지 않고 진정으로 가치 있는 삶을 살아갈 수 있다.

그러니 "자존감이 밥을 먹여주냐?"는 질문에 대해 나는 이렇게 답하고 싶다. 자존감이야말로 우리가 이 세상에서 당당히 살아갈 수 있게 해주는 가장 중요한 자양분이라고. 자존감이 없다면 그 어떤 성공이나 성취도 진정한 의미를 지니지 못할 것이라고. **자존감은 우리가 삶을 살아가는 데 있어 가장 기본이 되는 밥이며 삶의 본질을 지탱하는 힘이다.** 자존감과의 싸움은 나의 내면에서 잔잔히 피어나는 사랑과 이해의 꽃으로, 나 자신을 진정으로 마주하고 받아들이는 과정이다.

# 완벽하지 않아도
# 빛날 수 있다

"우리는 결점 속에서도 빛날 수 있다.
진정한 강점은 불완전함을 받아들이는 데서 온다."

- 브레네 브라운

우리는 모두 내면 깊숙이 숨겨진 약점을 지니고 살아간다. 이 약점은 때로는 미약한 속삭임처럼 때로는 거대한 벽처럼 우리의 앞을 가로막는다. 약점과 마주하는 일은 마치 거울 속에서 자신의 눈을 똑바로 바라보는 것과 같다. 눈을 피하고 싶지만 진실을 피할 수 없다는 것을 깨닫는다. 약점을 인정하는 것은 그 약점을 손바닥 위에 올려놓고 차분히 들여다보는 용기에서 시작된다. 이 용기는 자신을 진정으로 마주하고 그 속에 담긴 모든 불완전함을 받아들이는 여정의 첫걸음이다.

내게는 치명적인 약점이 하나 있다. 그것은 불신이다. 내 마음속 깊은 곳에는 불신의 조각이 뿌리내리고 있다. 주변 사람들이 나에게 하는 말을 그냥 지나치는 법이 없다. 그들의 말이 내 상식과 어긋나면 나는 즉시 인터넷을 열어 진실을 파헤친다. 업무 중 절차를 어기는 모습을 보면 내규를 들추어 상대방의 실수를 명확히 드러내려 한다. 대화 중 내가 틀렸다는 지적을 받으면 내 논리가 옳다는 것을 입증하기 위해 책과 논문을 뒤져 나의 주장을 증명한다. 심지어 식당 예약을 위해 전화를 했는데 자리가 없다는 말을 들으면 '정말 없을까?'라는 의심에 사로잡혀 기어코 그 식당을 찾아가 테이블이 빈 것을 눈으로 확인한다. 이런 불신은 나의 삶을 지탱하는 불꽃이지만 동시에 나를 끊임없이 시험에 들게 한다. 불신이란 실체가 없는 그림자처럼 내 안에서 끝없이 부풀어 오르며 진실을 추구하는 과정에서 나를 흔든다. 불신의 습관은 나를 둘러싼 벽을 더욱 높이고 그 벽은 나를 고립시킨다. 믿지 않는 마음이 내가 세운 고독의 탑에서 스스로를 가두고 그곳에서 나는 내 옳음을 증명하기 위해 끊임없이 싸운다. 이 치명적인 약점은 결국 나를 사람들과 더욱 멀어지게 만든다. 불신은 벽이 되어 사람들과 나 사이에 보이지 않는 거리를 만들고 그 벽은 점점 높아져 나를 갇히게 한다. 나는 그 벽 안에서 나만의 옳음에 집착하며 살아간다. 믿지 않으려는 마음이 나를 결국 외롭게 만들고 고독의 성을 더욱 견고하게 쌓아간다.

조직 내에서 사람들이 모이는 공식적인 자리에 가면 내 주위에는 단 한두 명만이 있다. 그조차도 진정으로 이야기를 나누려는 것이 아니라 어쩔수 없이 내 곁에 자리 잡은 사람들이며 그들의 존재는 나의 고립을 더욱 부각한다. 이 불신의 벽은 나를 고립시키고 내 존재를 더욱 초라하게 만든다.

이 고독의 성벽 속에서 나는 그 벽을 넘기 위한 길을 찾기보다 오히려 더 깊이 숨고 싶은 마음에 빠져든다.

친한 선배들과의 대화 속에서 한 선배가 나에게 아쉬운 점 하나를 이야기하고 싶다며 입을 열었다. 그의 목소리는 조용히 흐느끼는 바람처럼 나를 감쌌다. 내가 스스로 사람들을 적으로 만든다는 충고를 전했다. 나는 그 말에 반발하며 속으로 의구심을 품었다. 불신의 아이콘이 살아났다. '내가 사람들을 밀어냈다고? 내가 언제 그런 적이 있었지?' 내 마음속에서는 의문이 피어났다. 그때 또 다른 선배가 말을 보탰다.

"기억나? 실무 토의를 할 때 A가 제시한 의견을 네가 실현성 없는 불가능한 것이라며 강하게 반박해서 A가 무척 민망해했잖아." 그 이야기를 듣고 나니 문득 혼란스러웠다. 나는 그저 A의 의견이 실현 가능성이 없다고 여겨 반대한 것일까, 아니면 내 안에 자리한 불신이 모습을 드러내 그의 말을 애초에 무시해 버린 것일까. 내 판단은 이성의 결과였을까, 아니면 보이지 않는 감정의 그림자가 드리운 것이었을까. 나는 상대방의 상황을 이해하려 애썼지만, 실제 행동은 그러지 못했다. 그때 마음속에서 하나의 깨달음이 피어났다. 상대방을 배려하지 않은 언행이 과연 누구를 위한 것인가? 불신의 아이콘을 꾹꾹 눌러가며 상대방의 마음과 감정을 고려하여 이야기하는 것이 얼마나 중요한지 새삼 깨달았다.

진정한 대화의 의미를 새롭게 이해하고 서로의 마음을 이해하고 존중하며 소통하는 방법을 다시 배우고자 했다. 하루아침에 나를 바꾸는 것은 거의 불가능에 가깝다. 그러나 노력으로 조금씩 다듬어가는 것은 가능하다. 그 과정은 천천히 그러나 확실히 이루어질 것이다.

이제 나는 말하기 전에 습관처럼 이렇게 생각한다. '상대방을 배려한 것인가?' 이 질문은 내 마음속에서 불처럼 타오르며 내 언어와 행동을 점검하는 빛이 된다. 이 질문은 내 발걸음을 바른길로 인도하며 상대방의 감정을 헤아리고 그들의 입장에서 생각하며 내 말이 그들을 존중하는 것이 되도록 한다.

약점을 극복하는 과정은 마치 거친 돌을 갈아내어 빛나는 보석으로 변모시키는 여정과 같다. 이 과정에는 인내의 시간이 필요하고 반복적인 노력과 시간이 동반된다. 돌이 갈리고 다듬어질수록 우리는 서서히 그 내부에 숨겨진 진가를 알 수 있다. 약점을 극복하는 것은 단순히 그것을 없애는 것이 아니라 우리를 더욱 단단하게 하는 강점으로 변모시키는 것이다. 그 과정에서 우리는 성장하며 스스로의 진정한 가치를 발견할 수 있다.

## 약점은 결핍이 아니라
## 잠재력을 드러내는 거울이다

불안함이라는 약점을 가진 이는 그 불안의 그림자를 마주하며 더 철저하고 세심한 계획을 세운다. 그 불안이 그의 가슴속에서 조용히 잠자고 있는 창의력의 불씨가 되어 결국 그의 강점으로 변모한다. 쉽게 지치는 사람은 스스로를 관리하는 법을 터득하며 그로 인해 더욱 지혜로운 인생을 살 수 있다. 약점을 극복하는 일은 단순히 한 걸음을 내딛는 것이 아니라 걸음마다 우리를 더욱 단단하게 만드는 여정이다. 이 여정 속에서 우리는 때로는 넘어지고 좌절하기도 하지만 그 과정을 통해 자신을 깊이 이해하고 사랑할 수 있다. 약점을 극복하는 것은 우리 자신을 온전히 받아들이고 그 내면에서 숨겨진 빛을 발견하는 일이다. 이 여정은 불완전한 자아를 넘어 진정한 자신을 찾아가는 아름다운 탐험이 된다.

이 세상에 완벽한 존재는 없다. 그러나 자신의 약점을 극복하고 그 과정을 통해 성장하는 이들은 그 누구보다도 빛나는 존재가 된다. **약점은 단순한 결핍이 아니라 우리가 더욱 빛날 수 있도록 인도하는 거울이다.** 이 거울은 우리의 부족함을 비추는 것이 아니라 우리의 잠재력을 환히 드러내어 우리가 진정으로 누구인지 알게 해준다. 약점은 그 자체로 우리를 지탱하며 우리가 더 높은 곳으로 나아갈 수 있도록 돕는 숨겨진 힘의 원천이 된다.

# 경험은 미래를 위한
# 발판이다

"경험은 미래를 예측하는 데 필요한 지도와 같다."

- 엘리너 루스벨트

경험은 우리에게 가장 값진 스승이다. 그 속에서 우리는 세상의 이치를 배우고 자신의 한계를 넘어서는 길을 발견한다. 그러나 먼저 우리가 해야 할 일은 걸어야 할 길을 명확히 바라보는 것이다. 마음속에 선명한 꿈이 있다면, 그 비전에 맞는 경험을 스스로 찾아 나서야 한다. 꿈은 저절로 이루어지지 않는다. 목표를 향해 나아갈 때 비로소 길은 열린다.

경험을 얻는 방법에는 여러 가지가 있다. 그중 가장 쉬운 방식은 시행착오를 통해 배우는 것이다. 실수와 실패의 파도 속에서 우리는 값진 교훈을 건져 올린다. 그러나 실수와 실패는 고통스럽게 우리를 몰아세우기도 하고 때로는 절망의 짙은 그림자를 우리 앞에 드리운다. 하지만 그 속에서 비로소 우리는 단단해지고 어둠을 뚫고 나아갈 힘을 배운다.

단순히 그 과정을 흘려보내면 경험은 먼지처럼 사라지고 만다. 경험을 온전히 내 것으로 만들기 위해서는 그 순간을 정밀하게 기록해야 한다. 이러한 기록은 단순히 과거의 상처를 남기는 것이 아니다. 그것은 나 자신을 깊이 이해하고 더 나아가 성장하기 위한 나침반이자 미래의 실패를 막아줄 방패가 된다. 그렇게 기록된 경험은 마치 전쟁에서 벼려진 무기처럼 우리가 다시 일어설 때 가장 강력한 힘이 된다. 같은 실수를 반복하지 않고 오히려 그 경험을 발판 삼아 더욱 단단해진다.

**경험이란 그 자체로 완성된 것이 아니라 우리가 그것을 어떻게 활용하느냐에 따라 의미가 달라진다.** 경험의 기록은 우리의 성장과 변화를 위한 초석이 되어 매 순간 더 나은 나를 만들어가는 데 소중한 바탕이 된다. 그 바탕 위에서 우리는 더욱 강하고 깊이 있는 존재로, 한층 더 진화된 나로 거듭날 수 있다.


나도 실제로 실패의 경험을 기록으로 남겼다. 자리를 옮긴 지 얼마 되지 않아 행사를 계획하게 되었다. 매달 정기적으로 열리는 행사였지만 모든 것이 새로웠고 그만큼 신경 써야 할 부분도 산더미처럼 쌓여 있었다. 막중한 책임감이 들었지만 나는 모든 것을 혼자 해결하려는 마음으로 가득 차 있었다. 그럴수록 나의 부담은 커지고 그 부담은 곧 혼란의 씨앗이 되었다. 행사 준비의 첫 단계에서부터 내 마음속에는 끊임없이 떠오르는 일들이 있었다. '꽃다발 주문', '현수막 준비', '복장 안내', '출입절차' 등 하나를 마무리할 때마다 다음 일들이 머릿속에 밀려 들어왔다. 그런데도 모든 것을 혼자서 해결하려는 고집이 결국 나를 혼란의 소용돌이로 밀어 넣었다. 나는 하나의 문제를 해결하기도 전에 다음 문제에 떠밀리며 일이 산더미처럼 쌓여 갔다. 내 머릿속은 끝없는 목록과 걱정으로 가득 차 있었고 행사 준비는 점점 계획에서 벗어나기 시작했다.

그 시작의 어긋남은 결국 큰 문제로 이어졌다. 행사 시간이 다가올 무렵 행사장에 걸어야 할 현수막은 사무실에 그대로 남아 있었고 주인공들에게 전달할 꽃다발은 도착하지 않았다. 입장해야 할 내빈들은 복잡한 출입절차로 인해 행사가 시작되는 임박한 순간까지 행사장에 도착하지 못했다. 그 순간 내 앞은 캄캄한 어둠 속으로 가라앉았다. 모든 것이 엉망이 되어가고 있었고 그 과정에서 나는 모든 책임을 혼자 떠안아야 했다.

행사는 예정된 시간보다 뒤로 조정되었고 시간을 미루었음에도 실수는 끊임없이 튀어나왔다. 참석자들의 눈에는 실망과 비난의 시선이 가득했고 나는 그 비판의 모든 무게를 온몸으로 받아들여야 했다. 각자의 기대와 책임이 어우러진 이 행사의 실패는 나를 깊은 자책과 후회 속으로 몰아넣었고 그 과정에서 나는 나를 되돌아봐야만 했다.


실패의 순간을 단순히 지나치지 않고 그 실패를 기록하고 분석하는 것이 무엇보다 중요했다. 내가 어떤 실수를 했는지. 왜 그런 오류가 발생했는지. 그리고 다음에는 어떻게 대처할 수 있을지를 명확히 해야만 했다. 그래서 그 실패의 본질을 깊이 파헤쳐 기록으로 하나하나 남겼다.

이 경험은 깊은 교훈을 남겼다. 실패의 순간을 단순히 지나치지 않고 기록하고 분석하는 것이 얼마나 중요한지를 깨달았다. 실수가 무엇이었는지와 다음에는 어떻게 대처할 수 있을지를 명확히 해야 한다는 사실을 알게 되었다. 이 과정을 통해 나는 같은 실수를 반복하지 않게 되었다. 실패는 단순한 패배가 아니라 성장의 씨앗이자 변화를 향한 길잡이다.

또 다른 방법은 멘토를 찾고 그들의 경험을 배우는 것이다. 멘토는 삶의 길을 선도해온 선배로서 우리 여정에 축소된 형태의 경험을 제시해준다. 그들의 조언과 인도는 우리에게 더 빠르고 효과적으로 필요한 경험을 쌓을 수 있는 길을 열어준다. 내가 처음으로 행사 기획의 책임을 맡았을 때 만약 전임자를 찾아 조언을 구했다면 어땠을까? 그러나 바쁘다는 핑계와 귀찮다는 마음에 전임자의 문을 두드리지 않았고 그 결과 나는 실패의 쓴맛을 봐야 했다. 대가는 냉담한 시선으로 돌아왔고 나는 그 가혹한 교훈을 받아들일 수밖에 없었다.

멘토의 지혜는 단순히 시간 절약을 넘어서 우리의 성장에 깊이 영향을 미친다. 그들이 겪은 시행착오와 실패를 통해 나는 미리 겪을 고통과 어려움을 예측하고 피할 수 있다. 경험하지 못한 것을 경험한 이들의 이야기 속에서 나는 나아가야 할 길을 더욱 확실히 할 수 있다. 멘토의 조언은 과거의 실수를 반복하지 않도록 하고 미래의 성공을 위한 튼튼한 발판이 되어준다. 그들의 지혜는 마치 어두운 터널 속에서 비추는 빛과 같아 우리는 그 빛을 따라 한 걸음 한 걸음 더 나아갈 수 있다.

세 번째 방법은 적극적인 학습과 탐구다. 이는 책을 읽고 강의를 들으며 다양한 분야의 지식을 습득하는 과정이다. 우리는 끊임없이 책의 페이지를 넘기고 강의의 음성에 귀 기울이며 지혜의 바다를 탐험할 수 있다. 저자와 강사들은 각자의 분야에서 오랜 시간과 노력으로 갈고닦은 지식과 경험을 응축하여 독자와 청중에게 그들의 통찰을 전달한다. 그들이 쏟은 시간의 결정체를 우리는 상대적으로 짧은 시간 안에 접할 기회를 얻는다. 책 속에는 수십 수백 시간의 깊은 고민과 연구가 담겨 있고 강의안에는 진지한 실험과 성찰이 스며들어 있다. 그들의 노력으로 엮어진 페이지와 강의는 마치 시간의 초상화처럼 우리의 손끝에 다가온다. 이러한 학습은 단순히 지식을 얻는 것을 넘어 우리의 사고의 지평을 확장하고 새로운 통찰을 제공한다.

책은 우리가 직접 경험하기 어려운 지혜를 단기간에 제공하며 이 과정은 노력과 시간 투자 대비 큰 효과를 안겨준다. 그러므로 우리는 지혜의 씨앗을 뿌리고 경험의 결실을 얻기 위해 끊임없이 배우고 탐구해야 한다. 학습은 한 자릿수의 숫자에서 시작하여 무한한 지식의 바다로 나아가는 열쇠와도 같다.

## 의도적인 경험이 인생을 바꾼다

**경험은 단순히 흐르는 시간의 총합이 아니다. 그것은 우리의 의도와 노력으로 정제된 자산이며 긴 여정 속에서 우리 자신을 단련하고 성숙시키는 과정**이다. 경험을 통해 우리는 많은 것을 배우고 성장하며 변화의 물결 속으로 나아간다. 그러므로 필요한 경험을 쌓기 위해서는 의도적으로 목표를 설정하고 지혜로운 멘토를 찾아야 하며 학습을 게을리하지 말아야 한다. 인생이라는 대서사시에서 경험은 가장 찬란히 빛나는 장면이다. 이 여정의 각 순간이 우리를 더욱 강하게 하고 우리가 꿈꾸는 미래를 향한 길을 더욱 확고하게 만들어준다.

# 삶의 의미를 위한
# 방향 설정

"삶의 의미는 우리가 설정한 방향과 목표에 따라 구체화된다."

- 빅터 프랭클

성장이란 단순히 나이를 먹어가는 과정이 아니다. 오히려 성장의 본질은 내면의 깊은 방향을 펼치는 것, 그 방향을 선택하는 데 있다. 우리가 길을 걷는다면 그 길은 단순한 지형을 넘어서 우리가 어떤 방향으로 나아가고 싶은지를 결정짓는다. 성장은 자신이 지향하는 방향에 의해 정의되며 그 방향이 우리의 삶을 형성하는 초석이 된다. 먼저 가능성을 열어두자. 우리는 무엇이든 될 수 있다. 이 말은 단순한 낙관주의의 외침이 아니다. 그것은 우리가 내면 깊숙이 잠재된 무한한 가능성을 품고 있다는 선언이다. 믿음은 반복함으로써 우리의 뇌와 마음을 길들이는 힘을 지닌다. "나는 될 수 있다."라는 말을 되풀이할수록 우리의 마음은 점점 더 평온해지고 우리의 행동은 그 믿음에 맞춰 서서히 변화하기 시작한다. 이 믿음의 힘은 우리를 변화시키는 마법의 열쇠가 된다. 그 열쇠를 손에 쥐고 우리는 자신의 내면을 정복하고 우리의 길을 스스로 개척해 나가는 것이다.

성공한 사람의 대부분은 매일 일정한 시간에 자신이 되고자 하는 모습과 이루고자 하는 목표를 기록하며 그것을 입으로 되뇌는 습관을 지니고 있다. 독서 대통령이라 불리는 교수님의 강의를 들었다. 강의가 끝나자마자 기다리던 질의응답 시간이 찾아왔다. 나는 떨리는 마음으로 질문을 던졌다. "교수님! 교수님을 그 자리까지 오르게 한 가장 중요한 습관이 있다면, 그 하나를 꼽는다면 무엇일까요?" 교수님은 잠시 조용히 책상 위를 뒤적이며 무언가를 찾더니 마침내 그것을 들어 보이셨다. 노트에 빼곡히 적힌 '기록'이었다. 교수님은 매일 자신의 하루 일정을 적어두고 자신이 되고자 하는 목표를 기록하였으며 기록된 것들은 이미 이루어졌거나 곧 이루어질 것이라고 말씀하셨다. 그 순간 나는 깊은 깨달음을 얻었다. 내가 어떤 방향으로 성장할지는 오직 내가 정하는 것이라는 사실을. 우리는 여전히 무엇이든 될 수 있는 무한한 가능성을 지닌 존재임을. 이 깨달음은 내 안의 잠재력을 일깨우며 우리 각자가 스스로의 길을 열어나가야 한다는 진리를 상기시킨다. '우리는 아직 무엇이든 될 수 있다.'

세상은 가능성의 바다와도 같다. 그 바다에는 우리가 상상할 수 있는 무수한 가능성이 떠 있다. 현재의 자신을 바꾸고 싶다면 바닷속에서 새로운 자신을 발견할 수 있다. 변화는 절대 불가능하지 않다. 단지 변화를 향한 믿음이 필요할 뿐이다. 우리는 마치 무한한 가능성의 서사시를 쓰는 작가와 같다. 현재의 한 페이지를 넘기고 새로운 장을 열어갈 힘은 오롯이 우리 자신에게 달려 있다. 변화를 원하는 마음. 즉 마음속에서 피어나는 열망은 우리가 그 가능성을 현실로 변모시킬 수 있는 원동력이 된다.

현재의 자신이 바라는 모습으로 변하는 것은 마법이 아니다. 그것은 우리의 믿음과 행동이 만들어내는 현실이다. 가능성의 문을 열어두고 자신이 될 수 있는 무한한 가능성을 믿는다면 그 문을 통해 새로운 자아가 스며들어 온다. 변화의 길은 우리 앞에 이미 열려 있으며 길을 걷는 것은 우리 스스로에게 맡겨진 숙명이다.

## 성장의 방향을 정하는 일은 삶의 의미를 찾는 것이며, 그 방향에 따라 우리의 존재가 확립된다

어떤 방향으로 성장할 것인가? 이 물음은 인생의 북극성을 찾아가는 여정과 같다. 우리는 스스로를 정의하는 별을 찾고, 별을 향해 항해한다. 성장의 길은 수없이 갈라지며, 각 길마다 새로운 도전과 기회가 숨어 있다. 때로는 지름길의 유혹이 발목을 잡고, 때로는 길을 잃은 듯한 불안이 마음을 뒤흔든다. 그러나 **이 모든 갈림길에서 중요한 것은 우리가 어떤 방향을 선택하느냐이다.** 성장 방향을 정하는 데 있어 가장 중요한 것은 자신의 내면을 들여다보는 것이다. 우리의 열정, 가치, 그리고 꿈이 향하는 방향을 탐색하는 과정이 필수적이다. 우리가 진정으로 원하는 것은 무엇인지 우리가 이루고자 하는 목표는 무엇인지 명확히 하는 것이 바로 성장의 첫걸음이다.

나무가 성장하려면 그 뿌리가 깊이 내려가야 한다. 마찬가지로 우리의 성장은 우리의 뿌리가 되는 가치와 목표를 확립하는 데서 시작된다. 우리는 때로 뿌리를 더 깊게 내리고 더 넓게 뻗어 나가기 위해 어려운 결정과 불확실성을 마주해야 한다.

이 과정에서 가장 중요한 것은 우리가 설정한 방향에 대한 신뢰와 인내이다. 성장의 길은 결코 평탄하지 않다. 바람이 거세게 불고 땅이 불안정할 때도 있지만 그 속에서도 우리는 자신이 설정한 방향을 잃어선 안 된다. 방향을 잡는 것은 단순한 한 번의 결정이 아니라 매일매일의 선택과 노력이 필요한 과정이다.

성장의 방향을 정하는 일은 우리 삶의 의미를 찾는 일이다. 우리가 어떤 방향으로 나아갈 것인지는 결국 우리의 삶의 지향점을 설정하는 것이며 그 방향에 따라 우리의 존재가 확립된다. 성장의 여정에서 중요한 것은 어려울지라도 그 방향이 나의 진정한 자아와 연결되어 있어야 한다는 것이다. 그러한 방향을 따르는 것이야말로 우리가 삶에서 진정한 의미와 가치를 찾는 길이다.

# 성공 뒤에는
# 실패가 있다

"모든 실패는 성공의 일부이다. 실패를 통해 배운다."

- 조지 S. 패튼

　세상은 성공의 찬란한 순간에만 주목하지만 진정한 교훈은 종종 어두운 그림자 속에 숨어 있다. 실수와 실패는 우리의 길을 가로막는 장애물이 아니라 성장의 땅을 비옥하게 만드는 비료와도 같다. 이들은 단순한 좌절의 상징이 아니라 인생이라는 대서사의 중요한 챕터를 장식하는 요소들이다. 실수와 실패는 우리의 내면을 조각하는 조각가와 같다. 첫걸음을 내디딜 때 우리는 그들의 손길을 피할 수 없고 그들과 만남은 필연적이다. 그러나 그들은 우리를 고통 속에 가두기 위해 존재하지 않는다. 오히려 그들은 우리의 가슴속에 숨겨진 가능성을 일깨우는 열쇠이자 미지의 세계로 가는 길을 열어주는 안내자이다.

　실수를 부끄러움으로 감추고 싶은 마음은 인간의 본능일지 모른다. 그러나 실수는 우리의 가장 진실한 스승이 될 수 있다. 실수는 우리가 어디서

잘못했는지를 적나라하게 드러내며 우리의 신념과 전략을 시험한다. 실패는 비록 쓰디쓴 약일지라도 그 속에 담긴 교훈은 우리의 영혼을 단단하게 만드는 기회를 제공한다.

실수와 실패는 결코 끝이 아니라 새로운 시작의 전환점이다. 우리 마음속에 잠재된 힘을 일깨우고 미래의 가능성을 여는 열쇠가 된다. 그렇게 우리는 어두운 그림자 속에서 새로운 빛을 발견하며 성장의 길을 닦아간다.


일타강사로 널리 알려진 J 선생님이 있다. 수강생들의 목소리를 대변하며 그들의 마음속 깊은 곳을 이해하는 인물이다. 그는 수강생들의 울분을 대신하여 언성을 높이고 싸움하며 희열을 안긴다. 그를 소개하는 첫 줄에는 "성공한 강사이다."라고 명시되어 있다. 그의 강의는 열풍을 일으켜 빠르게 마감되며 사회적으로도 명성이 자자하다. 연간 5천만 원 이상의 건강보험료를 내는 그의 성공은 결코 허세가 아니다.

그러나 그의 성공 뒤에는 뚜렷한 그림자가 있다. 최고 인기 강사로 명성을 쌓았지만, 학원 출판 사업에 뛰어들었다가 25억 원의 빚을 지게 되었다. 이러한 실패를 아는 이는 많지 않을지도 모른다. 우리가 성공한 인생이라고 믿는 유명한 인물들도 때로는 실패를 경험하며 그 실패를 딛고 다시 일어선다.

군부대 강연에서 선생님을 만날 기회가 있었다. 두 시간 동안 어떻게 그렇게 높은 데시벨로 강의를 이어가는지 경이로웠다. 강의가 끝난 후 나는 질문을 던졌다. "선생님은 크게 성공하시다가도 크게 실패하셨습니다. 그 실패를 딛고 일어설 수 있었던 힘은 무엇이었나요?" 그의 답변은 간결하면서도 강력했다. "간절함입니다."

우리가 실패와 마주할 때 그 순간을 어떻게 받아들이느냐에 따라 결과는 크게 달라질 수 있다. 실패를 단순한 비극적 사건으로 바라보는 것이 아니라 그것을 성장의 기회로 받아들이는 시각이 필요하다. 실패를 두려워하는 것이 아니라 실패를 통해 무엇을 배울 수 있을지를 탐구하는 것이 중요한 것이다.

빈센트 반 고흐는 예술의 역사 속에서 실패와 성공을 통해 자신의 예술적 깊이를 구축한 인물이다. 그의 작품이 세상의 인정을 받지 못했을 때 그 실패를 좌절의 원인으로 삼기보다는 창작의 자극제로 삼았다. 고흐는 자신의 부족한 기술과 표현을 분석하고 그 과정에서 새로운 기법과 시도를 통해 자신의 예술적 경지를 더욱 높여갔다. 그의 실패는 결국 그가 예술의 경지를 한층 더 높이는 데 기여하였고 그의 다음 작품들은 더욱 빛을 발하며 세상의 주목을 받았다. 실패는 그가 예술을 통해 자신을 실현하는 데 있어 필수적인 경험이 되었다.

## 실패를 두려워하지 않고 도전의 출발점으로 삼을 때, 우리 삶은 더 넓고 풍요로워진다

이처럼 실패를 두려워하지 말고 그것을 도전의 한 과정으로 바라보자. 실패가 없다면 우리는 진정한 성장의 기회를 가질 수 없다. 실패는 우리의 뿌리와 줄기를 강하게 만들며 새로운 가능성의 씨앗을 뿌리게 한다. 실수와 실패는 어쩌면 우리가 내면의 잠재력을 발견하도록 돕는 진정한 파트너일지도 모른다.

우리의 인생에서 실패와 실수는 끊임없이 동반할 것이다. 단순한 장애물이 아니라 성장의 기회를 제공하는 중요한 요소다. 실패의 순간에 우리가 주목해야 할 것은 그로 인해 우리가 어떤 사람으로 성장할 수 있는지다. 실패를 성장의 기회로 삼는다면 우리의 길은 한층 더 넓고 풍요롭게 펼쳐질 것이다.

성장은 종종 실패의 그림자 속에서 빛을 발하며 실패는 우리가 진정한 자아를 발견하고 성장의 문을 열어주는 중요한 열쇠가 된다. **실패를 마주할 때 우리는 그것을 두려워하기보다는 새로운 도전의 출발점으로 삼고 그 경험을 통해 더욱 강해지고 깊어질 수 있다.** 실패를 통해 얻은 교훈은 우리의 삶에 풍요로운 변화를 가져오며 실패의 순간이 지나고 나면 우리는 한층 더 단단하고 성숙한 자신을 만나게 된다.

# 오늘, 지금 이 순간에
# 충실하라

"오늘을 충실히 살아라. 내일은 오늘의 결과에 달려 있다."

- 마하트마 간디

"이불킥을 해본 적이 있는가?"

'이불킥'이라는 단어가 있다. 후회와 부끄러움이 뒤엉켜 이불을 발로 차며 몸부림치는 그 순간을 담아낸 말이다. 어두운 밤 고요가 내린 방 안에서 무심코 떠오르는 창피한 기억들, 잠깐의 실수, 잘못 던진 말 한마디가 불쑥 찾아와 "왜 그랬을까!" 하는 탄식을 자아낸다.

이불킥을 부르는 기억들은 대개 사소하다. 하지만 그 순간만큼은 가슴을 저릿하게 하고 부끄러움의 잔여가 밤새도록 나를 괴롭힌다. 예컨대 중요한 자리에서의 말실수나 좋아하는 사람 앞에서 저지른 작은 실수들이 그렇다. '이불킥'은 결국 누구나 한 번쯤은 겪어 본 친숙하면서도 애달픈 후회의 흔적이다.

재미있는 사실은 '이불킥'이 늘 과거의 한 장면에서 비롯된다는 점이다. 이불킥을 경험한다는 건 곧 과거의 어느 순간에 마음이 깊이 닿았다는 의미일지도 모른다. 어쩌면 사소한 실수에도 신경을 곤두세우고 지나간 기억을 곱씹으며 그 의미를 찾는 사람일 것이다.

당신은 지금 어디에 서 있는가? **지나온 과거에 머물러 있는가, 아니면 현재의 순간을 살고 있는가? 혹은 아직 보이지 않는 미래를 향해 나아가고 있는가?** 한때, 나는 과거의 후회에 갇혀 살아갔다. 승진을 1년 앞둔 어느 날, 문득 내 삶을 돌아보았다. 나는 좋은 환경에서 일하고 있었다. 도심 속 근무지, 크지 않은 업무 부담, 그리고 가족과 함께하는 신축아파트. 모든 것이 안정적이었다. 승진은 환경에 좌우되지 않았다. 좋은 조건이 불리한 것도, 나쁜 조건이 유리한 것도 아니었다. 어쩌면 그곳이야말로 내게 주어진 최선의 자리였을지도 모른다. 하지만 나는 여전히 스스로에게 묻고 있었다. 과거에 머물러야 할지, 앞으로 나아가야 할지.

그때, 한 가지 제안이 들어왔다. 지금의 자리에서 벗어나 새로운 곳을 가볼 생각이 없느냐는 것이었다. 지금도 나쁘지 않지만 제안받은 직위는 더 큰 가능성을 품고 있었다. 깊은 고민 끝에 나는 그 선택을 받아들였다. 그 자리에 몸을 담그고 나서야 왜 그곳을 '승진의 길'이라 불렀는지 알게 되었다. 하루하루가 치열했다. 업무 전화는 끊이지 않았고, 시간이 어떻게 흘러가는지도 모를 만큼 바빴다. 숙소는 오래된 아파트뿐이었고, 선택의 여지는 없었다. 엘리베이터 없이 계단을 오르내렸고, 겨울이면 수도관이 얼어붙었다. 그러나 그 불편함 속에서도 나와 가족은 오직 하나, 승진이라는 목표만을 바라보며 묵묵히 견뎌냈다.

승진 발표 날. 나는 당연히 내 이름이 있을 거라 믿었다. 그러나 명단 어디에도 내 이름은 없었다. 그 순간 나는 과거로 되돌아갔다. 왜 그 좋은 여건을 포기하고 이곳으로 왔을까? 만약 제안을 거절하고 그곳에 남았다면 어땠을까? 비록 승진하지 못했더라도, 가족이 더 나은 환경에서 고생 없이 지낼 수 있지 않았을까? 상실감과 가족에 대한 미안함이 한꺼번에 밀려들었다. 한 번의 선택이 가족 모두를 힘들게 만든 것만 같았다. 돌아갈 수만 있다면, 그때로 돌아가 제안을 거절했을 텐데. 정말 다시 돌아갈 수 있다면 그 선택을 되돌리고 싶었다. 과거의 후회와 미래의 불확실성은 나를 깊은 그림자 속에 가두었다. 무엇을 해도 손에 잡히지 않았고, 아무것도 하고 싶지 않았다. 의욕은 사라졌고 나는 과거의 무게에 짓눌린 채 시간만 흘려보냈다.

그때, 한 문장이 내 마음을 스쳤다.

"네가 헛되이 보낸 오늘은 어제 죽은 이가 그토록 갈망하던 내일이다."

나 자신에게 물었다. 지금, 과거에 갇혀 시간을 흘려보내는 것이 옳은가? 잃어버린 순간에 얽매인 채 살아가는 것이 과연 맞는 일인가? 어쩌면, 나는 이미 그 답을 알고 있었을지도 모른다. 과거를 붙잡고 있는 한 걱정과 두려움도 함께 따라온다. 그러나 그리운 내일도, 불안한 미래도 결국 상상 속에 존재할 뿐이다. 아직 일어나지 않은 일들은 실체 없는 그림자와 다름없다. 그렇다면 내가 해야 할 일은 분명했다. 지금, 이 순간에 집중하는 것. 과거는 이미 지나갔고, 미래는 아직 오지 않았다. 내가 붙잡을 수 있는 것은 오직 지금뿐이다. 그리고 이 순간에 충실할 때, 비로소 내일을 마주할 준비가 되는 것이 아닐까?

## 과거를 되돌릴 수 없기에
## 우리는 현재에서 최선의 선택을 해야 한다

오늘은 내게 주어진 최고의 날이다. 오늘을 충실히 살아간다면 그 순간들이 쌓여 과거 역시 최고의 날들로 변할 것이다. 그리고 계속해서 최고의 오늘을 살아간다면, 내일 또한 그 위에 쌓여 마침내 완성될 것이다. 인생은 유한한 시간 속에서 단 한 번만 주어진다. 우리는 과거로 돌아갈 수도, 미래를 예측할 수도 없다. 그러니 조급함을 내려놓고, 지금 이 순간을 온전히 살아가자. 현재의 나에게 기쁨을 주는 선택을 하며, 이 소중한 순간을 가슴 깊이 느껴보자. 그 작은 선택들이 모여 결국 내 삶의 이야기가 된다.

**우리가 충실해야 하는 것은 지금, 이 순간이다.**

# 삶을 설계하고 나아가기 위한 고민

- 이 질문은 삶의 목적과 의미를 찾고, 그에 맞는 가치와 행동 방식을 확립하는 중요한 질문입니다. 미래를 어떻게 살아갈 것인지를 고민할 때, 내가 무엇을 원하고, 무엇에 가치를 두는지 깊이 이해할 수 있습니다.
- 진정으로 원하는 삶은 어떤 모습인가요?
- 어떤 가치를 중요하게 여기며, 그것을 어떻게 실현할 수 있을까요?

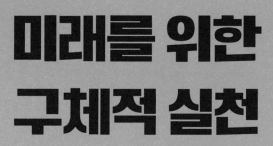

# 미래를 위한
# 구체적 실천

### 오늘부터 시작할 작은 변화

6장

The key to the future

# 적어라!
## 그리고 말하라

"기록은 우리의 경험을 영원히 남기며,

말을 통해 그것을 나누는 것이 의미를 더한다."

- 헨리 데이비드 소로

새로운 시작은 언제나 낯설고 두렵다. 그 시작의 문턱 앞에 서면 우리는 종종 머뭇거리며 익숙한 길로 돌아가려 한다. 하지만 진정한 변화와 성장은 언제나 그 낯선 문 너머에 있다. 새로운 시작을 맞이하기 위한 준비는 단순히 손에 쥘 무언가를 마련하는 데서 그치지 않는다. 우리의 마음과 영혼이 그 변화를 따뜻하게 맞이할 준비가 되어야 한다. 새출발을 위한 용기란 결국 자신의 미래를 향해 열린 마음으로 한 발 내딛는 데서 비롯된다.

현재의 삶이 무겁고 고단한가? 그렇게 느꼈다면 바로 지금이 새롭게 시작할 때다. 우리가 지치는 이유는 반복되는 일상의 무게 때문이다. 매일 같은 하루를 보내고 익숙한 길을 걸으며 살아가지만 그 안에 스며든 지루함이 우리를 짓누른다. 마치 끝없이 돌고 도는 시곗바늘처럼 우리는 일상의 순환 속에 갇혀 있다. 하지만 그 반복의 틈새에서 비로소 새로운 의미가 드러나기 마련이다. 끝나지 않을 것 같은 순환 속에서도 우리는 끊임없이 새로운 빛을 발견한다.

어린 시절부터 나는 '대단한 사람'이 되고 싶었다. 그 대단함이 무엇을 뜻하는지 정확히 알진 못했지만 그게 곧 성공이라 믿었고 그 성공이 나를 떳떳하게 만들어 줄 것으로 생각했다. 그러나 지금 돌아보면 진정으로 중요한 것은 내가 원하는 일을 하며 떳떳하게 살아가는 것이 아니었을까. 대단한 사람이라는 건 결국 자신에게 충실하고 그 길을 스스로의 신념으로 채우며 걸어가는 것. 그 단순하고도 깊은 진리를 어린 나는 미처 깨닫지 못했을지 모른다. 나는 내 앞에 놓인 상황을 마주할 때마다 그 순간을 견디기 위한 시나리오를 써 내려갔다. "어떻게 이 고비를 넘을 것인가?" 질문을 스스로에게 던지며 매 순간 나만의 답을 찾고자 했다. 그렇게 쌓인 물음표 속에서 자연스레 자리 잡은 것이 있었으니 바로 기록하는 습관이다. 기록은 단지 지나가는 선택의 흔적이 아니라 나의 선택을 최선이 아닌 최상의 것으로 다듬어주는 정련의 도구가 되었다. 실패의 상처를 무디게 하는 내면의 방패가 되었고 그 순간들 하나하나는 내 삶을 단단히 지탱하는 생의 한 페이지가 된다.

**먼저 적어라. 그리고 말하라.** 무언가를 시작하기로 마음먹었다면 이제 실행에 옮길 차례다. 그 첫걸음은 적고 말하는 데서 시작된다. 가능하다면 적고 말한 다짐을 가까이에 두고 자주 눈에 띄도록 하라. 처음에는 손안에 늘 지니는 작은 수첩 같은 것을 활용하자. 쓰면서 말하고 머릿속으로 새기며 다짐을 되새기는 것이다. 이 작업이 익숙해진다면 자주 스치는 곳이나 오래 머무는 공간에 그 말을 적어두라. 한 걸음 더 나아가고 싶다면 하고 싶은 것을 영상으로 담아 반복해 보는 것도 좋은 방법이다.

　무언가를 이루기로 마음먹으면 나는 늘 그 목표를 눈앞에 둔다. 먼저 내가 가장 많은 시간을 보내는 공간을 떠올리고 그곳에 내 꿈을 시각화해 둔다. 이렇게 하는 이유는 나의 뇌를 부드럽게 자극하고 속이기 위함이다. 이루고 싶은 모습과 결심한 일들을 꾸준히 내 뇌에 노출시킬 때 뇌는 그것이 해야 할 일이라 믿는다. 그러면 그 목표를 향한 길을 서서히 발견하고 나를 그 길로 자연스레 이끌어준다. 이 작은 행동들이 모여 나의 마음을 움직이고 마침내 현실을 바꾸는 힘이 되어줄 것이라 나는 믿기 때문이다. 서재 한편에는 아직 디자인조차 되지 않은 책의 그림이 놓여 있다. 표지에는 큼지막하게 '국방부 진중문고', '스테디셀러', '스피치 강사'라는 글자가 새겨져 있다. 누군가에게는 터무니없는 꿈으로 보일지 모르지만 나는 오늘도 그 그림을 바라보며 마음속으로 되뇌고 입을 통해 말한다.


　나의 책은 국방부 진중문고에 선정될 것이다. 군에 입대할 예정이거나 군인의 길을 걸어가는 이들, 그리고 군에서 사회로 나아갈 준비를 하는 이들에게 내 이야기가 희망의 빛으로 다가가길 바란다. 책의 이야기 속에서 피어나는 작은 빛들이 결국 당신을 이끌어줄 것이다. 어둠 속에서도 한 줄기 빛을 찾듯이 그 길에서 진정한 자신을 만나고 나아갈 힘을 얻을 수 있기를. 이 이야기가 그 빛이 되어 당신의 마음속 깊은 곳에 따뜻한 희망을 심어주길 간절히 기원한다.

나는 스테디셀러 작가가 될 것이다. 일시적인 열풍에 휘말려 잊히는 베스트셀러가 아니라 세월이 흘러도 독자들의 손에서 손으로 전해지며 오래도록 읽히는 책을 남기고 싶다. 단지 눈길을 끌기 위한 이야기가 아닌 사람들이 오랜 시간이 지나도 다시 찾고 싶은 책, 그들의 삶 속에서 살아 숨 쉬는 글을 쓰고 싶다. 나의 글이 세월의 무게에도 불구하고 사람들의 마음속에 깊은 흔적으로 남아 삶의 어느 순간 작은 위로가 되고 영감이 되길 바란다.

나는 스피치와 자기계발 분야에서 최고로 인정받는 강사가 될 것이다. 나의 목소리와 이야기가 누군가의 어두운 마음속에 불을 밝히고 꿈이 없는 사람에게 새로운 가능성을 꿈꾸게 하는 작은 씨앗이 되었으면 좋겠다. 어릴 적 나는 '대단한 사람'이 되고 싶었다. 그저 막연히 남다른 무엇인가가 되고 싶다는 열망이 나를 가득 채웠다. 그러나 인생은 '대단함'의 정의를 배우기 전에 '비극'을 먼저 가르쳐주었다. 내가 생각하는 비극이란 꿈을 꿀 수 없고 꿈꾸는 일이 자신에게 허락되지 않는다고 느끼는 바로 그 감정이다. 꿈이 아닌 현실을 선택해야만 하는 무거운 압박 속에서 더는 꿈을 꿀 수 없을 거라고 느끼기도 했다. 이 비극은 나의 삶에 깊은 흔적을 남겼고 나는 그 고통 속에서 홀로 헤매며 이겨내고자 발버둥 쳤다.

이 책을 읽는 당신께 약속하고 싶다. 나는 비극을 먼저 깨달은 사람이지만 그 비극을 넘어 대단함을 찾으려 애쓰는 여정을 걸어가고 있다. 다사다난한 여정을 통해 진정한 꿈을 깨달았고 마침내 그 길 위에 서게 되었다. 그래서 이제는 나의 경험과 이야기가 당신에게 작은 위로와 용기가 되어줄 수 있기를 바란다. 내 고통과 나의 꿈이 당신에게 희망의 불씨가 되고 당신이 스스로의 길을 찾고 그 꿈을 향한 여정을 시작하는 데 도움이 되기를 바란다.

삶은 어쩌면 끝없는 여정일지도 모른다. 우리는 각자의 비극을 가슴에 안고 일어서야 하고 그 속에서 잊고 있던 꿈을 발견하며 다시 한 발자국씩 나아간다. 때로는 같은 길을 걸으며 좌절하고 반복되는 일상 속에 갇힌 것처럼 느낄 수도 있다. 하지만 그 반복 속에서도 꿈은 결코 사라지지 않는다. 오히려 그것은 우리의 내면에서 다시 피어나며 우리가 삶의 의미를 되새기고 나아가게 만든다.

내가 걷고 있는 이 길 위에서 그리고 이 책을 통해 당신이 자신의 꿈을 다시금 마주하게 되기를 바란다. 한 발자국씩 걸어 나가면서 비극을 딛고 일어서서 진정한 자신을 찾는 그날을 기대하며. 이 책이 당신의 삶 속에서 작은 등불이 되어 어둠 속에서도 계속 걸어갈 수 있는 용기와 희망을 주기를 진심으로 기원한다.

# 시간은
# 의지의 결과

"시간은 무정하지만, 의지가 그것을 의미 있는 것으로 만든다."

- 헨리 포드

"당신에게 주어진 시간은 몇 시간인가?"

신이 우리 모두에게 공평하게 나눠준 단 하나가 있다면 그것은 아마 시간일 것이다. 사람의 지위나 출신 그리고 환경에 상관없이 누구에게나 하루 스물네 시간이 주어진다. 그보다 적지도 많지도 않게 주어진 이 시간은 우리의 삶 속에서 꾸준히 흘러간다. 하지만 흥미롭게도 같은 하루가 사람마다 전혀 다른 의미와 무게를 지닌다.

어떤 이는 스물네 시간을 몇 겹으로 쌓아 올려 자신만의 성과를 만들어내고 또 어떤 이는 그 시간이 무겁고 버거워 다 쓰지 못한 채 밤을 보낸다. 당신은 하루를 어떻게 쓰고 있는가? 당신에게 하루는 그저 흘러가는 시간인가 아니면 무언가를 이루고자 애쓰는 살아 숨 쉬는 순간들인가? 당신에게 하루는 과연 몇 시간의 가치를 지니는가?

나의 하루는 아침 5시에 시작된다. 매일 아침 누구의 방해도 받지 않는 나만의 시간이다. 그리고 온전히 나를 위한 고요한 시간이다. 이 시간 속에서 나는 날마다 다른 나를 만난다. 가벼운 러닝을 하며 몸과 마음을 깨우는가 하면 때로는 발걸음을 천천히 옮기며 주변을 둘러본다. 어떤 날은 밀린 드라마를 보고 또 어떤 날은 책장을 넘기며 다른 세계에 잠긴다. 특별히 이루고 싶은 목표가 있을 때면 이 시간을 그 목표를 향한 작은 걸음들로 채워 나간다.

최근 3개월은 책을 쓰기 위해 이 소중한 시간을 쓰고 있다. 나는 먼저 시작하고 수습은 그다음에 하는 편이다. 그래서 먼저 다짐하고 선언했다. '나는 반드시 3개월 안에 개인 저서 원고를 완성한다.'라고. 그렇게 목표를 정하고 나니 어느새 나의 뇌는 "원고를 빨리 끝내야 해!"라는 주문을 외우기 시작했다. 그 주문에 이끌려 나도 모르게 글을 써 내려갔고 마침내 3개월도 채 지나지 않아 초고를 완성할 수 있었다. 하루 두 시간의 꾸준함이 만들어낸 성과였다.

문제는 내가 스스로를 돌보지 못했다는 데 있었다. 책을 쓰는 일을 천천히 음미해야 할 여정으로 여기지 못하고 그저 빨리 넘어서야 할 산처럼 생각해 버린 것이다. 그러다 보니 가장 나를 옥죄었던 것은 '분량의 압박'이었다. 마치 논문처럼 분량이 채워져야만 가치가 있다고 믿었고 그렇게 내 글은 화려한 말만 걸린 껍데기로 변해갔다. 좋은 말들이 흘러넘쳤지만 정작 마음을 울릴 문장은 없었다. 마치 비어 있는 잔에 물을 붓는 척만 하고 있었던 셈이다. 그때의 나는 무게 있는 문장을 찾지 못한 채 그저 무성한 소음 속에 갇혀 허공에 메아리치는 말들만 쏟아내고 있었다.

그래서 다시금 마음을 다잡고 아침 5시부터 시작되는 두 시간을 천천히 음미하기로 했다. 어쩌면 빠르게 나아가는 것보다 올바른 방향으로 나아가는 것이 더 중요하다는 깨달음이 찾아온 것이다. 하루 스물네 시간을 스물다섯 시간으로 늘릴 수는 없지만, 하루의 두 시간을 네 시간처럼 쓸 수는 있지 않을까 하는 생각이 들었다.

## 시간을 내어 목표를 이루는 것은
## 단순한 선택이 아니라 의지의 결과다

우리는 '바쁘다, 바쁘다.' 외쳐야만 살아갈 수 있는 세상에 살고 있다. 출근에서부터 퇴근할 때까지 하루하루가 전쟁과도 같다. 쫓기듯이 누군가를 따라야 하고 전화벨의 울림과 문서의 산은 끊임없이 싸움을 걸어온다. 이렇다 보니 하고 싶은 일을 할 충분한 시간이 없다는 것은 어쩌면 당연한 일이다. 현실의 무게에 눌려 정작 내가 진정으로 원하는 것을 놓치며 살아가고 있다. 그러면서도 "시간이 부족해."라는 말을 입버릇처럼 중얼거린다.

하지만 정말 시간 탓일까? 어쩌면 우리는 시간을 활용하는 법을 모르고 있는 것은 아닐까? 이 시대에서 성공한다는 것은 결국 시간을 짜내고 만들어내는 사람이라는 생각이 든다. 시간을 자신의 의지로 조정하고 그 안에서 삶의 의미를 찾아가는 것이야말로 진정한 성공이 아닐까.

**나는 '시간이 나서 하는 사람'보다 '시간을 내서 하는 사람'이 더 강하다고 믿는다.** 시간을 내어 무언가를 한다는 것은 단순한 선택이 아닌 의지의 결실이기 때문이다. 그래서 나는 시간을 짜내고 만들어가며 통제하는 삶을 살고 싶다. 어떤 순간도 나의 의지로 품어내며 그 속에서 시간을 활용하는 법을 배우고 싶다. 내 삶의 매 순간을 내 손으로 이끌어가며 시간의 주인이 되기를 기대한다. 그 소중한 시간 속에서 나의 꿈을 위해 오늘도 두 시간의 마법에 기대어본다.

# 기록이 완성하는
# 나의 삶

"기록은 나 자신을 이해하는 열쇠이며, 삶을 진지하게 마주하는 방식이다."

- 오스카 와일드

나는 기록관리 석사다. 그리고 기록관리전문자격을 갖춘 전문가다. 물론 이 자격은 일반적으로 알고 있는 기록과는 차이가 있다. 내가 가지고 있는 자격은 공공기관의 기록을 관리하는 법적 권한이다. 그러나 나는 한층 더 높은 수준의 기록전문가를 꿈꾼다. 그것은 내가 보고 듣고 느낀 것을 기록하는 사람이다. 나는 기록하는 것을 좋아한다. 무언가를 관찰하고 그날그날의 감정을 스케치하는 것을 좋아한다. 그런 즉흥적인 기록이 나에게 가장 큰 기쁨을 준다.

나는 '3일 3감'을 실천하기로 했다. '3감'은 세 가지 감사를 의미하며 매일 아침 나를 감사로 채우는 습관이다. 아침에 눈을 뜨면 감사한 세 가지를 적는다. 기록은 늘 손에 닿는 휴대폰을 사용한다. 어제의 작은 행복도 좋고 하루를 시작하며 느낀 감정도 좋다.

예를 들면
- 어젯밤 미소 짓는 아이들을 바라본 것에 감사.
- 상쾌한 아침 바람을 맞으며 깨어난 것에 감사.
- 새벽에 일어날 수 있음에 감사.

이렇게 적다 보면 사소한 감사들이 하루를 밝히는 빛이 된다. 이런 감정의 기록은 단순한 글쓰기를 넘어 깊은 의미가 있다. 하루를 시작하며 나는 나의 존재와 이 세상에 고마움을 다시 새기고 이를 신성한 의식처럼 여긴다. 감사의 마음으로 시작한 하루는 세상을 더욱 열린 시선으로 바라보게 만든다. 출근길에 스며든 한 줄기 햇살, 스쳐 가는 사람들의 따뜻한 미소, 동료의 작은 배려까지도 감사의 순간이 된다. 그렇게 매일의 반복 속에서도 삶은 더욱 풍요로워지고 세상의 아름다움이 한층 더 선명하게 다가온다.

**'3일'은 내 삶의 단편을 담는 세 줄 일기다.** 짧지만 깊이 있는 이 기록은 일상 속에서 잔잔한 변화를 이끄는 마법과도 같다. 더 많은 이야기를 적고 싶어도 나는 오직 세 줄만 쓴다. 그 이유는 세 가지다.

첫째 지속성을 유지하기 위해서다. 세 줄이라는 제한은 부담을 덜어주고 매일의 기록이 자연스럽게 일상에 스며들도록 한다. 이 단순함 속에서 나는 시간을 초월한 내면과 마주하며 지속적인 성장을 위한 발판을 마련할 수 있다.

둘째 함축의 힘을 배우기 위해서다. 짧은 기록 속에 하루의 본질을 담아내야 한다는 사실은 나에게 깊은 숙고를 요구한다. 피카소의 초기 작품이 복잡하고 세밀했다면 그의 후반기 작품은 단순함 속에서 더 많은 것을 담아낸 것처럼 나의 세 줄 일기도 하루의 진정한 키워드를 찾는 훈련이 된다. 이렇게 요약된 기록은 나의 삶의 본질을 직시하게 하고 불필요한 것들을 덜어내는 과정이기도 하다. 요약은 실체에 다가가는 길이며 그 길에서 단순함 속에 깊이가 깃든다는 법을 배운다.

마지막으로 구체적인 변화를 끌어내기 위해서다. 짧은 기록을 통해 나는 스스로를 되돌아보고, 성장과 변화를 실감한다. 완벽주의가 때로는 주변을 아프게 했음을 깨닫고, 타인의 시선으로 나를 다시 바라본다. 반성은 과거를 되짚는 일처럼 보일 수 있지만, 실은 앞으로 나아가기 위한 필수적인 과정이다. 더 나은 나를 만드는 것은 새로운 것을 더하는 일이 아니다. 이미 존재하는 문제를 인식하고, 그것을 개선하며 나아가는 여정이다. 반성과 자기계발은 반대되는 개념이 아니다. 긴 것과 짧은 것, 아름다움과 추함이 공존하듯, 삶의 복잡함 속에서 서로 얽혀 진정한 가치를 만들어낸다.

그렇게 세 줄의 일기는 나의 내면을 탐험하는 작은 항해가 된다. 매일의 기록 속에서 중요한 것과 사소한 것을 구별하고, 내 삶의 진정한 가치를 되새긴다.

# 간결한 기록은 삶의 본질을 탐구하고, 불필요한 것을 덜어내는 것이다

이 과정에서 나는 나의 부족함과 강점을 하나씩 발견해간다. 때로 감정은 얽히고설켜 혼란스럽지만, 기록은 한 줄기 빛처럼 그 혼란 속에서 나를 비춘다. 글을 쓰는 행위는 나에게 치유의 시간이 되고, 그 안에서 나는 더 성숙한 나로 성장해간다. 그리고 문득 깨닫는다. 내 삶 자체가 하나의 이야기임을. 매일의 작은 기록들이 나를 향한 사랑의 언어가 되고, 그 사랑은 내 삶을 더 풍요롭고 깊이 있게 만든다. 큰 변화는 사소한 습관에서 시작된다. 하루의 감정을 세 줄로 정리하고, 세 가지 감사로 하루를 여는 일. 이 단순한 실천이 한 달이면 90가지 감사와 90줄의 감정이 되고, 1년이면 1,095가지 감사와 1,095줄의 감정으로 쌓인다. 수치로 보면 단순해 보이지만, 내면의 성장은 그 숫자를 훨씬 뛰어넘는다. 기록이 쌓일수록 나는 내 삶의 주인으로서 책임을 더 깊이 자각하고, 그 과정에서 얻은 깨달음은 나를 성장시키는 귀한 자양분이 된다.

나는 끊임없이 기록하는 삶을 살고 싶다. 이 단순한 행위가 내게 가져올 성장이 얼마나 클지에 대한 기대는 나를 설레게 한다. 내 삶은 기록을 통해 완성된다. 기록하는 것, 그것이 바로 삶의 의미를 새기고 나를 성장시키는 여정임을 나는 결코 잊지 않는다. 매일의 소중한 순간을 내 감정과 생각으로 기록하는 이 여정을 통해, 나는 나 자신을 발견하고, 나아가 세상과 깊은 연결을 느낀다.

기록이 나를 완성해가는 과정은 그 자체로 아름다우며, 그 아름다움이 내 삶의 가장 큰 기쁨이 될 것이라 믿는다. 각 문장 속에 담긴 나의 이야기와 감정은 무한한 가능성을 품고 있으며, 나는 그 속에서 내가 어떤 존재인지를 끊임없이 재발견한다. 매일 기록하는 그 순간, 나는 나의 존재를 더 깊이 이해하고, 세상과의 관계를 한층 더 풍요롭게 만든다.

# 책과 함께
# 성장하는 삶

"책은 삶을 변화시키는 열쇠이며,

그것을 읽는 모든 순간이 성장의 기회이다."

- 찰스 윌리엄 엘리엇

"책을 많이 읽어야 훌륭한 사람이 된다."

이 문구는 마치 세상의 진리처럼 나를 감싸왔다. 아마 어른들이 한 번쯤 자녀에게 던졌을 법한 진리의 조언이었을 것이다. 책을 읽는 것이 중요하다는 사실을 누구나 알고 있지만 이를 실천으로 옮기는 이들은 드물다. 책을 읽으라고 강조하던 어른들조차 독서의 중요성을 입에 달고 살았음에도 그들의 독서하는 모습을 본 기억은 없다. 그들의 입에서 흘러나온 말들은 그릇된 모범으로 끝나곤 했다.

나는 그들로부터 배운 진리의 파편을 안고 성장했지만, 그 속에서 느끼는 모순은 여전히 나를 괴롭혔다. 어떻게 그들이 그렇게 쉽게 말할 수 있었을까? 독서는 삶을 풍요롭게 하는 열쇠임에도 불구하고 그 열쇠를 쥐고 있는 이들이 왜 그렇게 드물었을까? 이 세상의 아름다움과 깊이를 이해하는 여정이 결국 책 속에 숨어 있다는 사실을, 그들은 왜 체험하지 못했을까? 이런 질문들이 내 마음속에서 메아리칠 때 나는 비로소 독서의 의미를 다시 한번 곱씹게 되었다.

매년 새해가 되면 독서에 대한 다짐을 되새기며 새로운 결심을 한다. 그러나 그 결심은 언제나 허울뿐인 꿈으로 끝났다. 몇 장을 읽고는 다시 책을 덮었고 작심삼일의 반복 속에서 나는 점차 나 자신을 잃어갔다. 추천받은 유명한 책들을 손에 쥐었지만 내 마음에 와닿는 책을 찾는 일은 늘 실패로 돌아갔다. 인문학의 깊이를 이해하는 사람들이 유식해 보였던 그 시절 그들처럼 보이고 싶어 책을 들었지만 몇 장을 넘기고는 다시 책을 덮었다. 그들 눈에 비친 지식의 향연은 나에게는 먼 유령처럼 느껴졌고 마치 독서는 특별한 DNA를 가진 사람들만의 전유물인 듯한 생각이 들었다.

세월이 흐르고 사회에 발을 내디디면서 독서에 대한 나의 시선은 조금씩 변하기 시작했다. 고졸이라는 학력을 감추고 싶었다. 책만이 나를 지켜줄, 강력한 방패가 되어줄 것이라는 믿음을 품기 시작했다. 그 순간부터 책은 단순한 지식의 저장소를 넘어 나를 감싸줄 따뜻한 포옹이 되었다.

"당신은 달릴 수 있는가?"

대부분 사람은 주저 없이 "네!"라고 대답할 것이다. 하지만 질문을 조금

바꿔보자. "당신은 달리는 법을 알고 있는가?" 이제 대답해 보라. 우리는 직립보행하는 인간으로서 걷고 뛰도록 설계된 신체를 지니고 있지만, 막상 달리면 숨이 차고 팔다리와 무릎이 아프며 스스로를 달리기에 부적합한 존재로 느낀다. 이 경험 때문에 달리기를 포기하는 이들도 적지 않다. 어쩌면 그들은 달리는 방법을 잊었거나 꾸준한 훈련이 부족했거나 제대로 달릴 수 있는 비법을 몰랐을지도 모른다. 달리기는 단순한 신체 활동이 아니다. 그 것은 생명력의 발현이며 자신의 한계를 넘어서는 도전이다. 그러나 가끔 우리는 속도와 성과에 압도되어 그 본질을 잊곤 한다.

독서도 마찬가지다. 우리는 모두 글을 읽을 수 있는 능력을 지니고 있지만 정작 책을 읽는 법은 배우지 못했다. 학창 시절을 떠올려 보라. 우리는 읽기의 기쁨보다는 주어진 텍스트를 읽어야만 했던 의무 속에서 강제된 독서를 경험했을 뿐이다. 그렇게 우리는 독서의 근력이 결여된 채 자라났다. 그래서 벽돌처럼 두꺼운 책을 펼쳐도 몇 장 넘기지 못하고 포기하는 것이 자연스러운 일이 되어버린 것이다.

읽기는 단순한 행위가 아니다. 그것은 마음의 운동이며 영혼의 양식이다. 그러나 우리는 종종 의무의 무게에 눌려 진정한 독서의 기쁨을 잊어버린다. 책은 우리에게 새로운 세계를 열어주는 창이 되어야 하지만 우리는 그 창을 스스로 닫아버린다. 이렇게 자신을 제한하는 것은 더 이상 필요 없다는 사실을 깨달아야 한다.

달리기와 마찬가지로 독서에도 훈련이 필요하다. 부지런한 연습과 꾸준한 실천이 결합될 때 독서는 우리를 진정으로 자유롭게 하는 도구가 된다. 처음에는 몇 걸음조차 버겁던 발걸음이 점차 길어지며 결국 끝없는 길을 달리는 자신을 발견하듯 독서도 그런 과정이다. 얇고 쉬운 책부터 시작해 점차 깊고 복잡한 내용을 도전하자. 그 속에서 우리는 비로소 '읽는 법'을 배우고 글자들 사이에서 자유롭게 달릴 힘을 얻는다.

독서와 달리기는 의외로 많은 공통점을 지닌다. 첫 번째는 정직함이다. 꾸준히 하지 않으면 그 진가를 발휘할 수 없다. 매일 10분씩 달리던 사람이 갑자기 한 시간을 달리려고 한다면 숨이 가빠지고 다리는 무거워지며 중간에 포기하고 싶어질 것이다. 독서도 마찬가지다. 매일 한 시간씩 책을 읽던 사람에게 하루 10분의 독서는 전혀 부담되지 않는다. 이것이 바로 독서와 달리기의 공통된 진리 그 정직함이다.

두 번째는 훈련 방법의 다양성이다. 독서에는 정독, 속독, 발췌독, 스키밍, 스캐닝 등 여러 가지 방식이 존재하고 달리기도 인터벌 트레이닝, 장거리, 단거리 훈련법 등 다양한 접근이 가능하다. 중요한 것은 그 상황에 맞는 방법을 찾고 자신에게 가장 적합한 방식을 채택하는 것이다. 때로는 느리게 때로는 빠르게 어떤 날은 깊이 탐독하고 또 어떤 날은 가볍게 훑어보는 방식이 필요하다. 각자의 필요와 상황에 맞는 훈련법이 존재한다는 점에서 두 활동은 놀랍도록 닮았다.

세 번째는 단기간에 성과를 기대할 수 없다는 것이다. 달리기는 아무리 뛰어난 코치나 강사가 있어도 단시간 내에 기록을 극적으로 향상시킬 수는 없다. 독서도 마찬가지다. 책을 읽는 법이 단기간에 향상되기를 기대하는 것은 무리다. 꾸준함과 인내가 쌓일 때 어느 순간 우리는 자신도 모르게 한 층 더 깊이 달리고 더 많은 책을 소화하는 자신을 발견하게 될 것이다. 그 과정에서 진정한 변화가 일어난다.

마지막으로 언제 어디서나 할 수 있다는 점이다. 달리기는 운동화만 신으면 어느 거리든 달릴 수 있는 운동이다. 독서도 마찬가지다. 책 한 권을 손에 들고 펼치기만 하면 언제 어디서든 그 세계로 빠져들 수 있다. 그 자유로움은 두 활동을 더욱 특별하게 만든다.

## 책은 단순히 읽는 것이 아니라, 내 삶의 변화와 성장을 위한 중요한 기회로 삼아야 한다

나만의 독서법이 있다. 독서를 단순히 글을 읽는 행위로 한정 짓지 말고 하나의 훈련으로 접근해보자. 첫 번째 방법은 **'시간 측정법'**이다. 어릴 적 체력장에서 스톱워치를 눌렀던 그 순간을 떠올려 보라. 가슴이 쿵쾅거리고 긴장감이 감돌던 그때 우리는 평소보다 더 집중했으며 기록은 예상보다 훨씬 좋았던 기억이 있을 것이다. 그 긴장감을 독서에 응용하는 것이다. 우선 5분부터 시작하자. 만약 5분이 길게 느껴진다면 1분이라도 괜찮다. 책을 펼치고 타이머를 눌러라. 순간 우리의 뇌는 '측정 중'이라는 신호를 받는다. 단순히 책을 읽는 것이 아니라 일종의 도전이 시작되는 것이다. 책이 더 읽고 싶어도 정해진 시간에 멈추고 잠시 휴식을 취한 후 다시 타이머를 눌러 독서에 집중해보라. 이러한 작은 규율이 독서의 집중도를 높이며 읽는 즐거움을 더욱 선명하게 만들 것이다.

두 번째 방법은 '**장수 늘리기 법**'이다. 여기서는 시간을 측정하는 대신 읽는 페이지 수에 집중해보자. 처음부터 지나치게 큰 목표를 세울 필요는 없다. 한 장이라도 괜찮다. 목표를 낮게 두고 시작하자. 매일 정해진 양을 꾸준히 읽으며 독서에 대한 부담을 덜어내고 일주일이나 한 달 단위로 점차 페이지 수를 늘려가자. 이렇게 독서의 근육을 서서히 키워나가는 것이다. 읽는 양이 점점 늘어날수록 독서에 대한 자신감과 성취감은 자연스럽게 커질 것이다. 그렇게 책은 부담이 아니라 나를 성장시키는 여정이 된다.

세 번째 방법은 '**교훈 찾기**'다. 단순히 책을 읽고 끝내지 말고 읽는 중에 스스로에게 질문을 던져보자. "이 책에서 배운 것을 내 삶에 어떻게 적용할 수 있을까?" 처음에는 한 가지 교훈에 집중하라. 그 한 가지 교훈을 내 삶에 어떻게 녹여낼지 고민하는 것이다. 익숙해지면 한 가지씩 늘려간다. 중요한 건 처음부터 욕심을 부리지 않는 것이다. 천천히 한 걸음씩 내 삶과 맞닿은 교훈을 찾아내는 과정에서 독서의 깊이가 더욱 풍성해질 것이다.

마지막으로 '독서 노트'와 '독서 동아리'를 활용해 보자. 내가 읽은 책을 정리하는 독서 노트를 만들어보라. 그 과정에서 내 생각과 감정을 차분히 정리하며 책을 더 깊이 이해할 수 있다. 또한 다양한 사람들과 독서 클럽을 만들어 서로의 경험을 나누고 생각을 교환해보자. 혼자서는 얻기 어려운 통찰과 사유의 교류가 독서의 즐거움을 한층 깊게 만들어준다.

"나는 얼마나 책을 읽고 있는가?", "어떻게 나의 독서 생활을 개선할 수 있을까?"

이 두 질문을 던지며 나만의 독서 여행을 시작해 보자. 달리기와 독서가 어떻게 나의 삶을 변화시킬 수 있는지 바로 지금 이 순간부터 그 변화를 경험해 보길 바란다. 독서는 결코 먼 미래의 목표가 아니다. 그것은 지금 나의 작은 선택으로부터 시작할 수 있는 일이다.

# 5

# 변화는 태도에서
# 시작된다

"변화는 행동에서 시작되지만, 진정한 변화는 태도에서 시작된다."

- 존 맥스웰

"지금 하는 일에 만족하는가?"

현재 내 직업을 사랑하고 그 속에서 즐거움을 느끼며 스트레스 하나 없이 만족스러운 삶을 사는 사람은 얼마나 될까? 문득 이런 생각이 스쳐 지나갔다. 음악을 전공했지만 공장에서 일하고, 체육을 전공했지만 판매업에 종사하며, 법을 공부했지만 요식업에 발을 들인 이들은 과연 대충 일을 하고 있는 것일까? 아니면 조용히 일을 그만둘 준비를 하고 있는 것일까?

아마도 두 경우 모두 아닐 확률이 높다. 그들은 각자의 자리에서 최선을 다하며 때로는 열정과 현실 사이에서 갈등하고 있을 것이다. '좋아하는 일을 하면 스트레스 없이 행복할 것'이라는 믿음은 어쩌면 우리가 자주 품는 큰 착각일지도 모른다. 진정한 행복은 좋아하는 일과 현실이 엉켜 있는 그 미묘한 지점에서 어떻게든 자리를 잡아가는 과정이 아닐까.

　나는 열일곱 살부터 수년간 현장에서 몸을 쓰며 살아왔다. 성인이 되기전 물류센터와 배달 일을 하며 몸을 움직였다. 이후 특전사에 입대해 4년간 수많은 훈련과 평가를 받았다. 그런 내가 스물다섯, 부사관에서 장교로전환하며 갑작스레 컴퓨터 앞에 앉게 되었다. 처음 마주한 계획서와 보고서는 머리를 쥐어 잡을 정도로 어려웠고 현장에서의 기억은 자주 내 마음을 스쳤다. 차라리 그곳에 있는 게 낫겠다고 느꼈고 매일 보고서를 작성하는 과정은 도망가고 싶은 마음을 더욱 키웠다. 이 상황이 싫었다. 어떻게든자리를 옮기고 싶다는 열망이 내 안을 휘감았다.

　컴퓨터 앞에 멍하니 앉아 네다섯 시간을 보내도 보고서는 두세 줄을 넘기지 못했다. 그런 와중에 엎친 데 덮친 격으로 인사과장이라는 직책이 내게 주어졌다. 이제는 단순한 보고서를 넘어 기획이라는 새로운 장을 열어야 했다. 다양한 인사업무를 맡기 위해 규정과 지침을 익히는 일에 몰두해야 했고 담배는 피지 않았지만 한 시간마다 밖으로 나가 바람을 쐬며 깊은한숨을 내쉬었다. 그 한숨은 마치 찬란한 햇빛 아래 잊힌 구름처럼 고단한현실을 피하고자 하는 내 애달픈 소망의 표현이었다.

## 모방을 통한 시작은 창작으로 이어질 수 있으며, 반복을 통해 능력이 향상된다

그때 나를 그 자리에 앉힌 사람이 다가왔다. 그는 아무 말 없이 내 어깨를 토닥여 주었다. 마치 내 마음속 깊은 곳까지 꿰뚫어 보는 듯한 그의 손길은 그 순간 내가 간절히 외치고 싶었던 '살려달라'는 말을 안다는 듯이 내 마음을 따뜻한 손으로 위로해주었다.

시간이 지나 그분은 자신의 과거 이야기를 들려주었다. 처음 행정업무를 맡았을 때의 고난과 시련. 매일 혼나며 눈물로 지새운 날들. 그리고 그런 고통을 극복하기 위해 '훔치는 연습'을 했다는 이야기였다. 그분의 말은 내 가슴 속에 깊이 박혔다. 나는 그 이야기 속에서 나 자신을 비추는 거울을 발견한 듯했다. 누구나 겪는 시련일 텐데 왜 나는 이렇게 나약할까. 자책이 밀려왔다. '왜 나는 단순히 상황이 바뀌기를 바랐을까? 나의 태도를 바꾸는 일은 왜 하지 못했을까?'라는 물음이 나를 괴롭혔다.

'뺏기면 모방, 훔치면 창작'이라는 말이 문득 떠올랐다. 마치 영감의 불꽃이 튀어 오르는 순간 무언가 확실한 힌트를 얻은 기분이었다. 나는 자리로 돌아와 그동안 내 자리를 맡았던 사람들이 처리한 업무 바인더를 펼쳤다. 과거 1년간의 업무 흐름을 하나하나 살펴보았다. 그때 눈 앞에 펼쳐진 사실을 깨달았다. "아! 이것이구나." 2년간의 업무를 되짚어보니 특정한 시점에서 반복되는 업무가 있다는 것이 보였다. 3년 전 5월에 처리했던 업무가 2년 전 5월에도 그대로 반복되고 있었다. 그 순간 내 머릿속을 스치는 생각이 있었다. '예측할 수 있겠구나!' 똑같은 패턴의 업무가 연이어 펼쳐진다면 나는 1개월 뒤, 심지어 5개월 뒤에 해야 할 일도 예측할 수 있다는 결론에 이르렀다. 이 반복 속에서 나는 비로소 시간의 흐름을 이해하게 되었고 그 안에서 나만의 길을 찾을 가능성을 느꼈다.

이제 나는 상황이 아닌 태도를 바꾸기로 했다. 네다섯 시간에 겨우 두 줄을 써 내려가던 내 보고서는 모방과 창작의 경계에서 점차 능력을 키워가며 이제는 훨씬 수월하게 작성할 수 있는 단계에 이르렀다. **상황은 여전히 변하지 않았다. 단지 내 태도와 관점만이 바뀌었을 뿐인데 모든 것이 새롭게 펼쳐졌다.**

행정업무에 대한 스트레스에서 서서히 벗어나 예측하며 업무를 수행하니 그 안에서조차 즐거움을 발견했다. 짧은 시간 동안 어렵고 지루하다고 느꼈던 일들이 의외로 흥미로운 과정으로 변모하는 순간이었다. 태도의 변화가 만들어낸 작은 기적. 그것이 바로 내가 새로운 길을 찾은 증거였다.

# 관계를
# 깊게 만드는 존중

"존중은 모든 관계의 기초이며, 그것 없이는 진정한 관계는 존재할 수 없다."

- 달라이 라마

"누군가를 진정으로 존중한 적 있는가?"

존중이란 무엇일까. 내가 생각하는 존중은 상대방에 대한 시선이다. 위로 치솟지도 아래로 깔아뭉개지도 않는 평등한 시선이다. 내가 더 뛰어난 존재라고 주장하지도 상대방이 더 부족하다고 비웃지 않는 것이다. 이는 상대방을 바라보는 따뜻한 마음이 곧 태도로 이어지는 과정이다. 그 평등한 마음이 스며들어 태도 속에 흐른다. 그리하여 상대방을 진정으로 존중하는 모습이 나타나는 것이다. 존중은 그 자체로 우리를 연결하는 끈이 되어 서로의 존재를 인정하고 소중히 여기는 아름다운 행위가 된다. 존중이란 서로의 마음속 깊은 곳에 자리 잡은 작은 불씨다. 그 불씨가 서로를 비추는 빛이 되어 우리를 감싸안는 것이 아닐까.

사회생활이라는 복잡한 미로 속에서 나이를 넘어 우선시되는 것들이 있다. 건물주와 세입자, 고용자와 노동자, 그리고 기업이라는 공간에서는 직급이 그 중요한 지표가 된다. 내가 속한 조직에서는 직급이 낮지만 나이나 경험이 많은 이들이 적지 않다. 이런 상황 속에서 조직 내 갑론을박은 끊이지 않는다. 직급이 높다는 이유로 위아래의 경계로 사람을 대하는 이들이 있고 반대로 높은 직급임에도 경험이 부족해 무시당하는 이들도 있다. 이런 복잡한 문화 속에서 나의 행동과 태도는 자연스레 더욱 신중하고 조심스러워질 수밖에 없다. 매 순간 나의 위치와 상대방의 입장을 염두에 두며 균형을 잡으려 애썼다.

나의 전임자 J를 떠올린다. 그를 긍정적으로 표현하자면 '강인한 남자'다. 후배들에게 그는 강렬한 인상을 남겼고 조직 내에서 그의 거침없는 태도는 주목받았다. 그는 자신보다 나이가 많더라도 직급이 낮으면 말을 낮추었고 때때로 하대하기도 했으며 먼저 자신에게 인사를 하지 않았다는 이유로 큰소리를 치기도 했다.

그의 모습은 나에게 이해할 수 없는 의아함을 안겼다. 과연 저렇게까지 해야 할까? 결국 그의 행동은 부서 내 갈등의 씨앗이 되었다. 직급이 있더라도 서로 돕고 협력해야 하는 사회에서 그는 매일같이 적을 만들어가며 업무의 협조는 물론 동료들이 함께하고 싶지 않은 사람으로 자리 잡게 되었다.

나는 그와는 정반대로 행동하기로 했다. 직급이 낮더라도 나이가 많은 이들에게 먼저 다가가 고개를 숙여 인사하며 그들과의 대화에서는 존칭을 사용해 그들을 높여주었다. 가끔은 업무 협조를 요청할 때 동생처럼 애교를 부리며 지시가 아닌 도움을 청했다.

이런 작은 행동들이 쌓여가던 어느 순간 사람들은 나에게 먼저 다가와 인사를 건네고 나를 더 높여주며 좋은 말들을 하는 것을 보게 되었다. 어쩌면 그들은 직급을 떠나 자신들을 '존중'해주기를 바랐던 것은 아닐까.

## 존중은 우리가 평화롭고 조화롭게 살아가기 위한 핵심 원칙이다

사람은 모두 같을 수 없다. 각자의 생각은 다르고 자라온 환경도 저마다 다르기 때문이다. 어떤 이들은 좋은 환경에서 양육되어 교육을 받았지만 또 다른 이들은 형편이 어려워 교육을 받지 못했을 수도 있다. 말을 능숙하게 잘하는 사람이 있는가 하면 말을 더듬는 습관 때문에 사람들 앞에서 이야기하기를 꺼리는 이도 있다. 그럼에도 불구하고 우리가 결코 잊지 말아야 할 것이 있다. 바로 인간의 인격은 본질적으로 평등하다는 사실이다.

인격 앞에서 높고 낮음은 아무런 의미가 없다. 직업이나 능력, 외모 또는 말솜씨가 어떤지에 상관없이 결국 진정으로 다른 사람을 존중할 줄 아는 사람만이 평등하게 사람을 대할 수 있다. 그러므로 우리는 각자의 차이를 인정하고 그 속에서도 서로를 존중하는 태도를 잊지 말아야 한다. 그것이 우리가 인간으로서 나아가야 할 길이다.

그래서 나는 '상호존중'이라는 말을 마음 깊이 새긴다. 존중은 결코 한 사람의 일방적인 행동으로 완성되지 않는 단어이다. 그것은 마치 서로의 손을 맞잡고 같은 방향을 바라보는 푸른 잔디밭과 같다. 서로의 마음이 하나로 모였을 때 비로소 우리는 더 큰 어려움을 헤쳐나갈 힘을 얻는다. 이런 마음이 모여 한층 깊고 풍부한 인간관계를 만들어가는 길을 열어준다. 상호존중은 단지 의무가 아니다. 그것은 인생의 많은 갈림길에서 우리가 선택할 수 있는 특별한 힘이다. 누군가를 존중하는 것은 그를 단순히 높이는 것이 아니라 그와의 관계를 더욱 건강하고 의미 있게 만드는 기초가 된다. 누군가가 나에게 먼저 다가와 손을 내밀었을 때 그 손을 잡고 마음을 여는 것. 그 자체가 상호존중의 시작이다.

**기억하자. 타인을 존중할 때 비로소 나는 진정으로 존중받는 존재가 된다.** 존중은 서로를 비추는 거울과 같아서 나의 마음이 그에게 향할 때 그 또한 나를 향한 시선을 보내기 마련이다. 상호존중의 가치는 우리가 세상을 어떻게 바라보느냐에 따라 더욱 빛난다. 우리의 시선이 서로를 향하고 마음의 문이 열릴 때 비로소 우리는 존중이라는 단어의 진정한 의미를 알게 된다.

나는 상호존중이 단순한 개념을 넘어서 삶의 원칙으로 자리 잡았음을 느낀다. 그 원칙은 나의 행동을 이끌고 나의 태도를 형성하며 나와 다른 사람들 사이의 관계를 더욱 깊어지게 만든다. 세상의 모든 만남이 그렇듯 우리 역시 서로를 이해하고 존중함으로써 더 나은 내일을 만들어 갈 수 있다. 상호존중은 바로 우리가 평화롭고 조화롭게 살아가기 위한 열쇠가 아닐까?

# 의미 있는 삶을 위한
# 세 가지 열쇠

"삶의 진정한 의미는 자신이 살아가는 방식에 의해 만들어진다."

- 빅터 프랭클

인생의 찬란한 장막 속에서 우리는 종종 의미를 찾기 위해 헤맨다. 삶의 무게와 무상함 속에서 그 의미를 발견하려는 노력은 마치 별이 흐린 하늘에서 길을 찾으려는 여행과 같다. 하지만 의미란 단순히 목적지에 도달하는 것이 아니라 그 여정 속에서 삶을 어떻게 채워가느냐에 달려 있다. 의미 있는 삶을 만들기 위해 우리는 삶의 모든 순간에 깊은 의미와 목적을 부여하는 법을 배워야 한다.

삶에서 의미를 찾는 것은 선택이 아니라 필수다. 우리는 그 의미를 찾기 위해 많은 시간을 들여야 한다. 고통과 절망의 시간 속에서도 내가 살아가는 이유를 발견할 수 있다면 다시 일어설 힘이 생길 것이다. 그 의미는 깊은 상처를 감싸고 어둠 속에서 나를 이끌어주는 빛이 되어준다. 인생의 험난한 여정에서 때로 의미가 멀리 사라진 듯 느껴지지만 사라짐이 우리를 더 강하게 만든다. 다시 일어설 수 있는 용기와 힘은 그 속에 숨어 있다. 삶의 고통 속에서도 나를 붙잡아 줄 한 줄기 희망을 찾는 여정은 결코 헛되지 않다. 의미를 찾는 순간 우리는 비로소 살아있음을 느낀다.

삶에 의미를 부여하는 나만의 세 가지 방법이 있다. 바로 **'저무시'**다. 저(것들은)무시 해! 라고 표현하고 싶다. 과감히 **저지르고, 무엇이든 경험하며**, 그 속에서 의미를 찾는 것이다. **시련과 고난 속에서도 그 순간의 진짜 가치를 발견하려는 마음가짐**이다. 실패를 두려워하지 않고 한 걸음씩 나아가는 과정에서만 진정한 의미를 얻을 수 있음을 믿는다.

**첫 번째, 저질러라.** 당신은 언제 진정으로 살아있다고 느끼는가? 숨이 턱까지 차오를 만큼 과격한 운동을 할 때, 가슴이 벅차오를 만큼 흥미로운 일을 마주할 때, 혹은 깊은 아픔을 느낄 만큼 고통스러운 이별을 경험할 때 그 모든 순간이 당신을 살아있게 만든다. 그리고 오랜 시간 구직 활동을 이어온 끝에 어렵게 취직한 사람에게는 그 순간순간이 자신이 살아있음을 세상에 필요하다는 사실을 깊이 깨닫게 하는 기회가 된다.

나는 바로 그 순간에 집중하라고 말하고 싶다. 삶의 어느 한순간 우리가 어떤 일에 온전히 집중할 때 비로소 자신을 중요한 존재로 인식하게 된다. 아침에 일어나서 할 일이 있다는 것. 그 일이 다른 사람과 연결될 때 아니면 내가 그 일을 하지 않으면 누군가가 어려움을 겪을 때. 그 순간 나는 세상에 필요한 존재임을 알게 된다.

즉 어떤 일을 할 때 우리는 스스로가 필요한 존재임을 느낀다. 그러니 저질러라. 무엇이든 저질러라. 행동하고, 시행하고, 수습하고, 보완하며 발전시키는 그 과정에서 당신은 점차 세상에 없어서는 안 될 존재가 되어간다. 잠자리에 들기 전 내일 아침에 일어날 이유를 만들고 눈을 뜨면 그 이유를 마음에 새기며 일어나자. 어디론가 향하고 있다면 목적을 찾고 그 길을 걸어가라. 이 깨달음 속에서 매일의 일상이 얼마나 소중한지를 깊이 느낄 수 있다.

**두 번째, 무엇이든지 경험해라.** 우리가 책을 읽는 이유는 무엇일까? 나는 유한한 시간 때문이라고 생각한다. 세상의 모든 경험을 직접 겪을 수 있다면 좋겠지만 우리는 결국 '죽음'이라는 한계를 안고 살아간다. 그래서 우리는 경험해 보지 못한 것들을 책을 통해 만나고자 한다. 이 세상에는 우리가 알지 못하는 신비로운 일들이 지금도 끊임없이 일어나고 있다. 그 놀라운 순간들 속에서 누군가는 새로운 경험을 쌓고 있다.

우리는 그런 경험에 집중해야 한다. 배움에는 끝이 없다. 배움은 곧 경험이며 경험은 결국 내 삶이 된다. 잔잔한 시 한 편은 내 마음에 깊은 울림을 주고 높은 산 정상에서 내려다보는 광경은 내가 세상에서 얼마나 작은 존재인지를 깨닫게 한다. 어떤 음악은 쓰러진 나를 다시 일으키는 힘이 되어준다. 무엇이든 상관없다. 경험하라. 그 경험이 좁은 공간에 갇혀 있던 나를 더 넓은 세상으로 인도하는 열쇠가 된다.

**세 번째, 시련 속에서 의미를 찾아라.** 우리에게는 삶의 문제를 이겨낼 힘이 내재되어 있다. 다만 그 힘을 발휘하는 속도는 각기 다를 뿐이다. 어떤 이는 빠르게 극복하고 어떤 이는 천천히 일어선다. 우리 삶에 찾아오는 시련, 비극, 어려움은 결코 무의미하지 않다. 그들은 종종 고통을 동반하지만 고통을 피할 수 있다면 피하고 싶을 것이다. 그러나 그 순간들이 우리에게 안겨주는 가치는 절대 가볍지 않다.

시련을 마주했을 때 단순히 넘긴다면 우리는 아무것도 얻지 못한다. 그 속에서 우리는 의미를 찾아야 한다. 힘든 일이 다가왔을 때 현실과 상황만을 탓한다면 우리는 그저 고통만을 쌓을 뿐이다. 하지만 그 속에서 의미를 찾으려는 순간 우리는 삶의 본질을 더 깊이 이해하게 되고 그로 인해 한층 더 나은 사람으로 거듭날 수 있다.

## 삶의 의미는 내면의 가치와 목적을 발견하는 과정이다

사람들은 평범함보다 굴곡진 스토리가 있는 인생에 더 큰 관심을 기울인다. 예를 들어 '신데렐라'의 이야기를 떠올려보자. 신데렐라의 이야기가 세대를 거쳐 전해지는 이유는 그녀가 비극을 겪고 그 고난을 결국 극복했기 때문이다. 만약 저자가 "신데렐라는 화목한 가정에서 태어나 행복하게 살았다."라고 썼다면 그 이야기는 아마도 사람들의 마음을 사로잡지 못했을 것이다. 우리가 살면서 마주하는 비극과 무거운 시련은 결국 변화를 일으키는 원동력이 된다. 그러므로 우리는 이 과정을 두려워할 것이 아니라 그 속에서 의미를 찾고 성장할 기회로 삼아야 한다.

**결국 의미 있는 삶이란 내면의 진정한 가치와 목적을 발견하는 과정이다.** 매일의 삶 속에서 우리가 무엇을 중요하게 여기고 어떤 가치를 추구하는지 이해할 때 삶의 의미는 우리 내면의 소리와 세상의 소음이 어우러지는 지점에서 비로소 드러난다. 그 발견 속에서 우리는 진정한 자신을 만날 수 있으며 자신만의 가치와 꿈을 이해하고 이를 바탕으로 삶을 더욱 풍부하게 만들어갈 수 있다.

# 자신에게 맞는
# 자리를 찾는 것

"자신이 어디에 있어야 할지 아는 것이야말로 진정한 자유다."

- 앤디 워홀

"지금 당신이 있는 곳은 당신의 자리인가?"

인생이라는 무대 위에서 우리는 저마다 자신만의 자리를 찾고 있다. 그 자리는 때로 사람들의 시선이 닿는 높은 곳일 수도 혹은 세상에 잘 드러나지 않는 낮은 곳일 수도 있다. 어떤 이들은 세상의 주목을 받는 화려한 무대에서 빛나고 싶어 하지만 또 다른 이들은 한발 물러서서 잔잔한 삶을 꿈꾼다. 그러나 중요한 것은 자리가 얼마나 높고 낮은가가 아니다. 진정으로 중요한 것은 그 자리로 가는 여정 속에서 자신에게 가장 적합한 자리를 발견하는 것이다.

우리는 각기 다른 고유의 장점과 재능을 지닌 존재들이다. 그 자리에 서야 비로소 우리는 자신의 고유한 빛을 발할 수 있고 그로 인해 삶의 흐름을 바꿀 기회를 맞이할 수도 있다. 자신의 자리를 찾아가는 과정은 마치 꽃이 피어나는 것과 같다. 각기 다른 햇살과 비를 받아야만 그 꽃은 고유의 아름다움을 세상에 드러낼 수 있는 법이다. 때로 험난하고 고될 수 있지만 자신에게 맞는 자리를 찾는 순간 모든 고통과 노력은 값진 열매로 돌아오게 될 것이다.

같이 근무했던 K가 문득 떠오른다. 20년 동안 묵묵히 공직에서 걸어온 그는 성실과 신뢰로 두터운 명성을 쌓아온 인물이었다. 사람들은 그의 인생이 마치 정해진 궤도 위를 굴러가는 열차처럼 평탄할 것이라 믿었고 나 역시 그러리라 의심하지 않았다. 안정적인 월급과 은퇴 후 보장된 공무원 연금까지. 그의 미래는 조직이라는 테두리 안에서 지루할 정도로 안정적으로 보였다. 그런 그가 어느 날 예기치 않은 결심을 전했다. 정년이 10년이나 남은 상황에서 공직을 일찍이 내려놓고 사업에 나서겠다는 것이다. 더 넓은 세상에서 큰 경제적 성취를 이루겠다는 그의 눈은 반짝였고 주변 사람들 또한 그의 새로운 도전을 진심으로 응원했다. 모아둔 적금과 연금을 미리 당겨 작은 사무실을 차리며 그는 새 삶을 향한 첫 발걸음을 내디뎠다. 20년간 쌓아온 공직에서의 경험이 든든한 자산이 되어줄 것이라 믿었고 나 역시 작은 의심 없이 그를 응원했다. 그러나 준비되지 않은 자에게 현실은 냉혹했다. 공직의 세계와 바깥세상은 전혀 달랐다. 그는 자신이 선 자리가 얼마나 낯선지를 뼈저리게 깨달아가고 있었다. 시시각각 변하는 시장 속에서 고객의 요구를 빠르게 읽고 반응하는 능력이 부족했고 사업이란 무모함을 감싸줄 안전한 울타리가 없음을 처음으로 마주했다. 작은 망설임이 거대한 파도로 되돌아오기도 했고 예측하지 못한 결정들이 아픈 손실로 이어지기도 했다.

손실은 눈덩이처럼 불어나 사업 자금은 바닥을 드러냈다. 결국 그는 무거운 마음으로 사업을 접을 수밖에 없었다. 오랜 시간 쌓아온 자산마저 한순간에 사라져 버린 날. 그는 생애 처음으로 자신의 삶을 되돌아보며 긴 한숨을 내쉬었다. 공직에서 배운 성실과 철저함이 흔들림 없는 덕목이라 믿었지만 그것만으로 변화무쌍한 사업의 세계를 헤쳐나가기엔 역부족이었다. 세상에 나설 때는 그 자리에 걸맞은 준비와 자격을 갖춰야 했다. 그러나 그는 준비되지 않은 자리에서 무모한 싸움을 벌였고 그렇게 애쓰며 끝내는 자신의 한계를 절감했다. 그제야 그는 변화에 유연하게 대처하는 창의적인 돌파구와 틀을 깨는 용기가 필요했음을 깨달았다.


그는 다시 직장인으로 돌아갔다. 그러나 예전의 그와는 달랐다. 실패 속에서 얻은 배움은 깊이 새겨졌고 그는 이를 주변 사람들과 아낌없이 나누곤 했다. "사람마다 맞는 자리가 있고 그 자리는 스스로 준비해야 하는 거야." 그는 자신의 실패를 자책하거나 숨기지 않았다. 오히려 그 경험을 새로운 출발점으로 삼았다. 그의 눈빛은 이제 한층 겸손하면서도 단단해졌고 언젠가 다시 세상의 무대에 서서 그동안의 배움을 바탕으로 더 큰 꿈을 이루리라 믿고 있었다. 그가 걸어갈 길은 예전처럼 안전하고 평탄할지 모르지만 이제 그는 그 길을 걸어가며 진정으로 삶을 이해하게 된 사람이다.

어린 시절 내가 읽었던 이야기 역시 사람마다 각자의 자리에 걸맞은 자격이 필요하다는 진리를 가르쳐준다.『왕자와 거지』이야기가 바로 그런 예다. 두 사람은 겉모습은 비슷했지만 그들의 운명과 삶의 본질은 완전히 달랐다. 왕자는 자유를 갈망했고 거지는 풍족함을 꿈꿨다. 어느 날 그들은 서로의 삶을 경험해 보기로 하고 옷을 바꿔 입었다. 왕자는 거지의 모습으로 거리를 돌아다니며 자유를 만끽했고 거지는 왕자의 자리에 앉아 화려함과 배부름을 즐겼다. 그러나 며칠이 지나자 그들은 각자의 자리가 지닌 무게와 책임 그리고 그 자리를 준비할 때까지 마주해야 할 어려움을 깨닫기 시작했다. 준비 없이 주어진 자리는 결국 그들을 속박하는 굴레가 되었고 거지는 왕자의 자리에 앉아 어떤 결정을 내려야 할지조차 알 수 없었으며 왕자는 서민들의 고단한 삶과 그들이 처한 현실을 이해하기엔 너무나도 먼 곳에 있었다. 서로의 삶을 잠시나마 경험하며 그들은 자신에게 주어진 자리와 역할을 온전히 받아들여야만 진정한 가치를 발휘할 수 있다는 깊은 깨달음을 얻었다. 왕자는 고귀한 자리를 지키며 책임을 다하는 것이 진정한 왕의 길임을 알았고 거지는 자유 속에서 자신만의 행복을 찾는 것이 얼마나 소중한 일인지를 깨달았다.

# 자신에게 맞는 자리에서
# 진정한 가치를 발휘할 수 있다

이 이야기는 우리가 자신의 자리를 찾는 일이 얼마나 중요한지를 일깨워 준다. 외적인 모습이나 지위에 따라 사람의 가치가 달라지지 않음을 알 수 있다. 진정한 행복과 성공은 우리가 자신에게 맞는 자리를 발견하고 그 자리에서 최선을 다할 때 비로소 이루어진다. 그 과정에서 우리는 우리의 정체성을 이해하고 나아가 세상을 바라보는 시각을 확장한다. 옷을 바꿔 입는 것만으로는 진정한 변화가 일어나지 않는다.

자신의 자리를 찾아가는 여정에서 우리는 비로소 진정한 자아를 발견하고 그곳에서만이 진정한 가치를 발휘할 수 있다. 자신의 자리를 찾는 것은 단순한 선택이 아니라 우리의 존재 의미를 추구하는 길이기도 하다.

이제 한 가지 질문을 던져본다. "당신은 당신의 자리를 잘 찾았는가?"

자신의 자리를 찾는 일은 결코 쉬운 일이 아니다. 그러나 그 여정 속에서 우리는 자신을 더 깊이 이해하고 다른 이들의 가치를 인정하는 법을 배운다. 각자의 자리를 찾아가는 길은 결국 더 나은 세상으로 나아가는 첫걸음이 된다.

# 최선 이상을
# 다하는 힘

"당신의 최선은 당신을 위한 최고의 결과를 가져다준다.

더 이상은 필요 없다."

- 톰 홉킨스

흐릿한 새벽. 첫 빛이 하늘의 어둠을 가르며 희망의 실루엣을 드러낸다. 그 속에서 나는 나만의 다짐을 되새기며 내일을 위한 새로운 서사를 써 내려간다. 희망찬 미래를 향한 내 다짐은 마치 새벽의 첫 햇살이 어둠을 뚫고 솟아오르는 순간처럼 내면 깊은 곳에서 피어오르는 불씨와 같다. 이 다짐은 내 삶의 새로운 장을 여는 열쇠가 되고 그 열쇠 속에 담긴 각오는 나의 여정을 인도하는 별빛이다.

최선을 다한다는 것이 과연 진정한 최선일까? 최선을 다하는 것이 때로는 무의식적인 수동적 선택으로 변질될 수 있다. 우리는 외부의 상황에 크게 의존하며 어려움에 부딪히면 쉽게 포기하는 경향이 있다. 어쩌면 그 마음속 깊은 곳에는 '해보긴 했지만, 잘 안 되면 어쩔 수 없지.'라는 무력감이 자리 잡고 있을지도 모른다. 그리고 우리는 결국 이렇게 말한다. "나는 최선을 다했다." 그 말이 진정 자신을 위로하는 선언일까? 단순한 노력을 넘어서 끝까지 포기하지 않고 끊임없이 도전하는 의지란 무엇일까? 단순히 행동하고 결과를 기다리는 것만으로는 부족하다. 매 순간 주어진 상황을 헤쳐나가며 자신을 끊임없이 넘어서는 과정이어야 하지 않을까? 그래서 나는 '사력을 다하라.'라고 외치고 싶다. 진정한 최선은 외부의 요인에 흔들리지 않고 자신의 힘을 최대한 끌어올려 모든 가능성을 탐구하는 과정이다.

K 교수님이 떠오른다. 그분의 열정은 뜨겁다. 자신에게 주어진 시간을 쪼개어 모든 순간을 꽉 채우는 분이다. 그의 강의를 듣고 있으면 그 에너지가 어디에서 솟구치는지 궁금해진다. 수많은 교수와 강연자들이 지식의 바닷속에서 떠다니고 있지만, 그처럼 쉽게 그리고 열정적으로 지혜를 전하는 이는 드물다. 그래서 나는 그분의 대단함을 더욱 깊이 느낀다.

하지만 자신의 일정을 빡빡하게 계획하고 소화하는 모습은 너무 가혹한 것 아닌가 하는 걱정을 불러일으킨다. "도대체 어떻게 이렇게까지 열심히 하실 수 있는 건가요?" 물었다. 교수님의 답변은 간결했다. "죽기 살기로 하루를 살아간다." 그는 현재의 삶이 계속 이어지는 것 자체가 기적이라 말한다. 큰 병에 걸려 죽음의 문턱에 서 있었지만, 극적으로 건강을 되찾았다. 그래서 그는 언제 죽을지 모른다고 했다. 그래서 매일매일을 죽기 살기로 살아가겠다고 다짐했다. 내일 죽더라도 후회가 남지 않도록 그분의 목표는 그렇게 충실하게 하루를 살아가는 것이다. 삶의 무게를 느끼며 그는 매 순간을 황금처럼 귀하게 여기게 된 것이다.

## 자신과의 싸움에서 승리하는 것이 진정한 변화의 시작이다

우리는 모두 꿈을 꾼다. 그러나 대부분은 그저 꿈에 머문다. 꿈만 꾸는 것으로는 부족하다. 꿈을 현실로 바꾸는 것은 의지와 행동이다. 나는 생각이 현실이 된다고 믿는다. 그래서 나는 막연히 꿈을 꾸지 않기를 바란다. 그 꿈을 현실로 이끌기 위해 우리의 뇌를 괴롭혀야 한다. 목표를 명확히 설정하고 구체적으로 계획하라. 눈앞에 그 목표가 떠오를 수 있도록, 뇌가 그것을 끊임없이 추적하도록 만들어라. 목표를 바라보며, 뇌가 무의식적으로 그 길을 찾게 하라. 끊임없이 자극하며, 괴롭히는 것이다.

중요한 것은 이 싸움이 결국 나 자신과의 대결이라는 점이다. 나와의 싸움이라면 승패는 그다지 의미가 없다. 승패는 내가 나에게 가장 값진 투자로 치러야 할 대가일 뿐이다. 그러므로 원하는 것을 끊임없이 떠올리고 그 열망을 가슴 깊이 품은 채 목표를 향해 나아가야 한다. 나 자신과 맞서 싸우자. 그 길에서 마주치는 모든 감정과 생각들은 결국 나를 더욱 단단하고 강하게 만들어준다.

이 싸움은 단순한 의지가 아니다. 내 삶을 변화시키기 위한 깊은 약속이다. 그 약속은 내가 가진 모든 열정과 능력을 다해 꿈과 목표를 향해 나아가겠다는 굳건한 의지를 담고 있다. 이 다짐은 내 삶의 새로운 장을 여는 열쇠가 될 것이며 그 속에서 나는 나 자신의 가능성을 발견하고 그 가능성을 하나하나 현실로 만들어갈 것이다.

새벽의 첫 햇살처럼 이 다짐은 새로운 시작을 알린다. 그 시작 속에서 나는 희망과 꿈을 실현하며 나의 길을 걸어갈 것이다. 내 안의 불꽃이 다시 타오르고 그 불꽃은 나의 삶을 비추는 길잡이가 되어줄 것이다. 나는 이 여정에서 새로운 가능성과 기회를 만날 것이라고 믿으며 한 걸음씩 내 길을 찾아갈 것이다.

이 글을 읽고 있는 여러분에게도 이 여정이 함께하길 바란다.

여러분 각자의 마음속에 잠든 불꽃이 깨어나길. 그 빛이 여러분을 이끄는 길잡이가 되어 어둠 속에서도 길을 잃지 않기를. 함께 희망의 길을 걸어가며 서로의 불꽃을 더욱 밝게 피어나가기를.

# 미래를 위해 오늘부터 시작할 작은 변화

- '미래를 위한 작은 변화'는 단번에 큰 결과를 기대하기보다는, 지속적이고 점
  진적인 변화를 통해 결국 원하는 미래에 가까워지는 과정을 말합니다. 꾸준
  히 실천하는 것이 핵심이며, 일상의 작은 변화들이 습관으로 자리 잡을 때 큰
  성과를 이끌어낼 수 있습니다.
- 지금 당장 시작할 수 있는 작은 변화는 어떤 것이 있을까요?
- 이러한 변화를 통해 어떤 미래를 꿈꾸고 계신가요?

# 에필로그

**인생에 정답은 없다.** 지금의 나는 내가 던진 질문과 선택으로 만들어진 존재이며 앞으로도 나만의 길을 걸어갈 것이다. 삶은 단순히 결과로 정의되지 않는다. 그것은 매 순간 스스로에게 던지는 질문들로 채워져 있다. "질문은 흐르고, 정답은 고여 있다."라는 말처럼 진정한 성장은 고정된 답에 안주하는 것이 아니라 끊임없이 질문하고 탐색하는 과정에서 이루어진다. 우리가 찾는 진리는 결코 이미 정해져 있지 않다. 오히려 질문을 던지는 용기 속에서 흔들리며 빛난다.

이 책을 읽는 당신에게 나는 묻고 싶다. **"자신에게 진지한 질문을 던지고 그 답을 찾은 적이 있는가?"** 현재의 나도 수많은 질문 속에서 길을 잃고 다시 찾는 과정을 통해 여기까지 왔다. 내 삶을 이룬 선택들은 모두 나 자신에게 던진 질문에서 시작되었다. 때로는 고민과 후회로 점철된 선택들이었지만 그 모든 과정이 모여 오늘의 나를 만들어냈다. 그리고 나는 앞으로도 계속 질문을 던지며 답을 찾아 나아갈 것이다.

미래에 대한 나의 꿈은 단순하지만 강렬하다. **'기록으로 삶을 완성합니다.'** 나는 기록전문가다. 하지만 그 범주를 넘어서고 싶다. 기록은 우리의 존재를 정의하고 삶을 비추는 거울이다. 우리는 기록을 통해 자신을 이해하고 세상과 깊이 연결되며 삶의 의미를 새롭게 발견할 수 있다. 나는 이 믿음을 바탕으로 매일 기록하며 그 기록이 내 삶을 더욱 완성해가기를 바란다. 나는 나의 감각과 경험 그리고 그 속에서 발견한 의미들을 기록하며 나를 찾아간다. 기록은 단순히 정보를 남기는 것이 아니다. 그것은 내가 본 것, 들은 것, 느낀 것을 고스란히 담아내는 생동감 있는 과정이다. 나는 기록을 통해 내 삶을 풍요롭게 하기를 꿈꾼다. 그 기록을 다른 사람들과 나누며, 그 속에서 연결을 이루고 싶다. 서로의 이야기가 교차하는 지점에서 삶의 의미를 확장하고, 깊이를 함께 나누고자 한다.

이 책은 단순히 나의 이야기가 아니다. **당신이 던진 질문과 답, 그리고 기록으로 채워질 여백이기도 하다.** 나는 이 책이 당신의 삶 속에 작은 불씨가 되기를 소망한다. 스스로에게 질문을 던지고 답을 기록하며 자신만의 길을 발견해 나가기를 바란다. 기록은 우리의 여정을 비추는 빛이며 그 속에서 우리는 진정한 자기 자신을 마주할 수 있다.

끝으로 삶 속에서 끊임없이 사랑과 지지를 받을 수 있기를 바란다. 그리고 당신과 나의 이야기가 서로를 밝히는 빛으로 남기를 기대한다. 우리의 기록이 그 빛을 더욱 선명히 만들어 줄 것이다. 함께 걸어가며 질문하고 기록하고 우리의 삶을 완성해 나가자.

내 삶에서 가장 현명한 선택은 지금의 아내를 만난 것이다. 그녀와 함께 걸어온 길 위에서 나는 나를 닮은 강아지 같은 아들과 고양이 같은 딸을 만났다. 그들의 존재는 마치 우주가 건네준 가장 빛나는 선물처럼, 내 삶에 깊고 따뜻한 빛을 던진다.

매일 아침, 그들의 웃음소리와 장난스러운 발걸음은 내 하루를 환하게 밝히며, 인생의 진정한 의미를 속삭인다. 그 작은 손짓과 웃음은 늘 나를 다시 일으켜 세운다.

하지만 남편이라는 이름 아래 직장에 묶여 가정의 세세한 풍경을 온전히 함께하지 못했던 순간들이 내 마음 한편에 묵직하게 자리하고 있다. 그럼에도 불구하고 아내는 나의 불완전함을 품어주었다. 그녀는 나의 꿈을 이해하며, 내가 스스로의 길을 찾을 수 있도록 묵묵히 나를 지지해 주었다.

나의 아내, 조보람 님께 깊은 감사의 마음을 전한다. 당신의 사랑과 믿음이 없었다면, 오늘의 나는 존재할 수 없었을 것이다. 당신의 끝없는 응원과 따스한 포옹에 나는 언제나 깊이 감사하며, 내 삶이 당신에게 그만큼의 사랑으로 보답할 수 있기를 간절히 바란다.

먼 훗날 이 책을 펼칠 나의 듬직한 아들 성빈이와 사랑스러운 딸 성경이에게도 마음을 전한다. 이 책 속에는 아빠가 꿈꾸었던 청춘의 이야기 그리고 그 길에서 발견한 소중한 깨달음이 담겨 있다. 언젠가 너희가 이 이야기를 읽으며 아빠가 어떤 사람으로 성장했는지, 어떤 꿈을 품고 그 길을 걸어갔는지를 알게 되기를 바란다.

너희가 이 글 속에서 자신만의 길을 찾고, 꿈을 향해 나아갈 용기를 얻기를 소망한다. 이 책이 아빠의 과거를 넘어, 너희의 미래를 밝혀주는 등불이 되기를 진심으로 기도한다. 그리고 그 길 끝에서 함께 웃는 날을 손꼽아 기다린다.

마지막으로, 나에게 삶의 가치를 일깨워주신 아버지 최성권 님과 어머니 한종순 님, 그리고 사랑하는 딸을 내게 보내주시고 나를 가족으로 받아주신 장인어른 조병기 님과 장모님 김정옥 님께도 깊은 감사의 인사를 전한다. 그분들의 따뜻한 마음이 없었다면 오늘의 나는 결코 존재할 수 없었을 것이다.

아들이자 사위, 한 사람의 남편이자 두 아이의 아빠
그리고 이 책의 저자, 최영신